JN085461

経済学を味わう

東大1、2年生に大人気の授業

市村英彦
岡崎哲二
佐藤泰裕
松井彰彦

編

日本評論社

1　経済学はどんなものか？

　読者の皆さんは「経済学」や、中学や高校の社会科の教科書に載っている「市場」について、どのようなイメージをお持ちだろうか。「経済は市場に任せておけばうまくいく」という単純な見方を思い浮かべた人が多いかもしれない。

　しかし実は、現代の経済学では「市場に任せるだけでは十分ではない」と考えられている。すなわち経済学者たちは、なぜ実際の社会で市場がうまく機能しないのか、どうすれば市場でうまく取引が可能な仕組みを作ることができるのか、人々をより幸せにするための社会制度はどのようなものかといった問いに取り組んでいるのである。

　本書では、経済学がいま、どのような問題を取り上げ、どのようにその問題の解決に取り組んでいるかを紹介する。そして、そのことを通じて読者の皆さんに、「経済学はおもしろいな」「自分も経済学というレンズを通して物事を考えてみたい」と思ってもらえることを期待している。本書の各章では、経済学のさまざまな分野における問題の捉え方や考え方を紹介していく。

　以前から、経済学はマクロ経済政策の議論において重要な役割を果たしてきた。最近ではさらによりミクロの、個々の企業レベルの意思決定で経済学が重要な役割を果たしてきている。皆さんも、テレビやネットなどで、GAFA（グーグル、アマゾン、フェイスブック、アップル）やネットフリックス、ウーバーなどといった世界の巨大IT企業が経済学を活用しているというニュース

を耳にしたことがあるかもしれない。また、政府の政策形成の現場でも、マクロ政策だけでなく、より個別の政策についてデータと証拠（エビデンス）に基づいた経済分析をふまえた政策形成、すなわち「EBPM」（Evidence Based Policy Making）を推進しようという機運が高まっている。経済学の研究成果を、個別のビジネスや政策に活かそうという動きが、日本でも徐々に進んでいるのである。

　こうした動きに対応して、経済学を専門的に学んだ人材に対する需要も確実に増えている。政策の現場では、海外と比較すると圧倒的に少ないにしても、従来からある程度、経済学の専門的教育を受けた人材が働いていたが、近年では日本の民間企業にも経済学の専門的教育を受けた人材を積極的に雇おうとする動きが出てきた。たとえば、日本のIT企業であるサイバーエージェントが、日本の代表的な経済学の学会である日本経済学会の2019年度の大会で展示ブースを出して事業を説明する機会を設けた。

2　経済学を伝えるために

　ある程度以上の経済学の専門的教育を受けるためには大学院へ進む必要があるが、残念ながら日本ではそのような人たちの数はあまり増えていない。たとえば、編者らが所属する東京大学では、経済学部から大学院に進学する人の割合は、他学部と比べて低い状況が続いている。原因はいろいろありうるが、編者らはその1つに、経済学のことを十分に知る前に大学を卒業してしまうという事情があると考えている。

　東京大学の例を続けると、学生は入学してから2年生まで、全員が駒場の教養学部に所属し、1〜2年生のときの成績と本人の

希望をもとに、3年生以降に進む専門学部を決める。そのため、多くの学生が経済学に本格的に触れるのは、3年生になって経済学部に進学してからになる。しかし、経済学部での勉強が始まる3年生の春は、4年生が就職活動真っ只中の時期である。スーツ姿で忙しく駆け回る上級生を目にして、どうしても就職活動に意識が向いてしまいがちになるうえに、会社訪問や長期インターンを始める者もいる。そして、経済学を真剣に学ぶ機会がないまま就職活動が始まって、単位だけを取得して大学を卒業してしまう。また、大学院で経済学を学ぶことが将来のキャリアにどうつながるかも、学生にはあまり伝わっていない。そのため多くの学生は、大学院への進学を自身の進路の考慮対象にすらしていない可能性がある。

　そこで、経済学のおもしろさや有用さを学生に伝えたい、という気持ちから、経済学部の教員は以前から駒場キャンパスで経済学を紹介するオムニバス講義を行ってきたが、ティーチング・アシスタントが確保できないなどの理由で中断されていた。しかし2019年度に、当時経済学研究科修士課程の八下田聖峰氏と経済学部生の小林雅典氏、澤山健氏など数名の学生たちの積極的な働きかけに教員が後押しされる形で、講義を再開することになった。講義の目的は、「学生に早い段階で経済学がどのような学問かを知ってもらい、経済学を学ぶことを学生の選択肢の1つとして認識してもらうこと」、そして「経済学の知識が将来の可能性を広げうるものであることを伝えること」であり、そのために1、2年生を対象としている。講義のタイトルは「現代経済理論」であり、各分野のフロンティアで活躍する東大の経済学者たちに、自身の専門分野について紹介してもらうオムニバス講義である。八下田氏にはこの講義のティーチング・アシスタントも務めてもらった。

初回授業の風景
（駒場キャンパスにて。2019年4月5日）

　いざ再開してみると、2019年度の講義には525名という多数の受講者が集まった。東大での講義としては異例の多さであり、受講生が全員入れる教室をみつけるのに苦労するほどであった。大勢の学生に立ち見を強いる回もあり、受講生には不便な思いをさせてしまった。

　さらに驚いたのは、履修者の約半数が理系コースに所属する学生であったことだ。実は経済学には、高度な数学が活用されたり、プログラミングのスキルが重要な分野があり、理系の知識やスキルを備えた人が活躍できる土壌が十分にある。現在世界で活躍する経済学研究者の中にもそのようなバックグラウンドの者も少なくない。そのため、この講義が理系の学生の興味を惹くことができたのは思いがけない喜びだった。

3　本書の特徴

　本書はこの講義「現代経済理論」をきっかけに生まれた。講義は東大生に向けたものだったが、その内容は経済学の各分野のトップランナーが、はじめて経済学に触れる学生の関心を惹くように考えたものであり、手前味噌だが非常におもしろいものであったと思っている。そこで、少しでも多くの方々にこの内容をお伝えすることで経済学に関心を持っていただきたいと思い、本書を編むことにした。

　経済学を学習する際にはまず、個人や企業の行動を分析する「ミクロ経済学」、経済全体の動きを捉える「マクロ経済学」、経済学の理論とデータに基づいて現実を分析する「計量経済学」と呼ばれる各分野を方法論的基礎として学んだうえで、個別の経済問題の研究分野や、さらに高度な方法論研究の分野の学習へと進んでいく。本書の構成も、おおむねそのステップに準じている。第１章と第２章では、ミクロ経済学に該当するゲーム理論、市場の成功と失敗、加えて政府などの公共部門の役割を解説する。第３章ではマクロ経済の問題について解説し、第４章ではデータから因果関係を見出すための基本的な考え方を、第５章では個票データに基づく実証分析とその考え方を解説する。これらがおおむね基礎科目に当たるものだ。そして、第６章以降では、都市、貿易、需要と供給の構造、貧困と開発、経済史、さらには企業会計やファイナンスの各分野で経済学がどのように力を発揮するかを紹介する。

　本書は、あくまでも経済学の現在の姿を大雑把につかんでもらい、そのおもしろさを味わっていただくためのものである。本格的に経済学を勉強するには、各分野の教科書を読み、大学、そして大学院で授業を受けることが必要になる。そこで、各章末には、

「次のステップへ向けて」と題した、各分野をさらに深く学ぶための文献やウェブサイト等を紹介した学習ガイドのコーナーが設けられている。ぜひ、自分が特におもしろいと思った分野からチャレンジしてみてほしい。さらに、「あとがき」では、経済学を本格的に学ぶためのガイダンスも行っている。本書は主に、はじめて経済学に触れる人たちを対象としたものだが、もし本書が経済学を深く学んでみようという皆さんの思いを後押しすることができたら、編者としてそれに勝る喜びはない。

　なお最後になるが、日本評論社の尾崎大輔氏と小西ふき子氏には、講義に出席するなど本書の企画の初期段階から関わっていただいた。両氏の尽力がなければ本書は生まれなかった。尾崎氏と小西氏に感謝の言葉を捧げたい。

2020年2月

編者一同

Contents

01

経済学がおもしろい

〈 ゲーム理論と制度設計 〉

松井彰彦

テーマ

経済学のものの見方を知る

具体例

談合問題や、進学選択問題を
解決する仕組みづくり

1 「ものの見方」としての経済学

経済学って何だろう？

　みなさんは、経済学をどのような学問だと考えているだろうか。市場。お金。売買。財政。そういったコトやモノに関する問題を研究する学問だと思われているかもしれない。

　それは間違いない。経済学はこれまで市場、お金、売買、財政といった問題を研究対象としてきたし、これからもそうしていくだろう。しかし、最近の経済学を見てみよう。学力の経済学、医療の経済学、そして僕が研究している障害の経済学などなど。対象は必ずしも市場やお金だけではない。

　「でも、障害の経済学では障害者のための施策の費用と便益の話が主題なのでしょうか」という質問も受けたりする。「いいえ」と僕は答える。僕の研究ではあまりお金の話は出てこない。出てくるのは、「健常者」と呼ばれる多数派と「障害者」と呼ばれる少数派のせめぎ合いだったりする。

　高校の教科書などで学ぶ、市場や取引を分析対象とする学問としての経済学を「狭義の経済学」、大学や大学院で学ぶ経済学を「広義の経済学」と呼ぶとすると、後者は分析対象ではなく、対象の捉え方、すなわち「ものの見方」に大きな特徴があるといえる。実はこの点は、高校までの学問と大学・大学院での学問との間の大きな違いでもある。大学や大学院では経済学に限らず、いろいろな分野で特有のものの見方、考え方を学ぶことになるが、これが実際の学問・研究の姿なのである。

経済学特有の考え方

　では、経済学のものの見方とは何なのだろうか。これも実は、

経済学者が10人集まれば11通りの答えが出てくるといわれるほど千差万別なのでやはり難しいけれども、１つの大きな共通点が存在する。それを考えるために、経済学の祖といわれるアダム・スミスの言葉を、彼の著書『道徳感情論』の中から紹介したい。

　「人間社会という巨大なチェス盤の上では、それぞれの駒がそれ自身の行動原理に従う。それは、為政者が押しつけようとする行動原理とは異なるものである。もしこれらの原理が合致するならば、人間社会のゲーム（the game of human society）は、たやすく調和的に進み、幸福で成功するものとなるであろう。他方、これらの原理がうまく合致しないと、ゲームは悲惨なものとなり、社会には無秩序状態が訪れるだろう」（『道徳感情論』第６部「有徳の性格について」より）

　『道徳感情論』には、スミスの「人間の科学」についての考えが明確に記されている。ここでのポイントは、人間社会をチェス盤になぞらえて「それぞれの駒がそれ自身の行動原理に従う」と主張している点である。すなわち、普通のチェスの場合はプレイヤーが駒を意のままに動かしてゲームが進んでいくわけだが、人間社会では駒としての個々人は、プレイヤーである為政者の意図から離れ、むしろ駒（＝人々）自身がプレイヤーとなって、自身の意図に従ってゲームが進んでいくと述べているのである。

　プレイヤーが、利得や効用をきちんと計算して最大化問題を解くという意味で、合理的に行動しているかどうかは問うていない点にも注目しておきたい。よく、経済学は「合理的な人間を扱う学問だ」などと表現されることがあるが、スミスはそうした合理性はとくには求めていない。ポイントは、個々のプレイヤーが個々の行動原理に従い、それは為政者の意図とは必ずしも同じではないという点である。個々の行動原理を積み重ねていった「社

会なるもの」が、為政者の思惑と合致するとは限らない。また、為政者はその点を織り込んで政策を実施する必要があり、さもなければゲームは大変な状況に陥ってしまうだろうということをスミスは主張しているのである。

このスミスの「それぞれの駒がそれ自身の行動原理に従う」という見方は、これから本書で紹介していく経済学の各分野で共通した考え方となっている。そして、各章ではこうしたものの見方をベースとして、それぞれの問題意識に沿って多様な対象を分析していく。

このように考えると、経済学の分析対象として市場や財政などのいかにも経済というものだけでなく、障害の問題やスポーツ、医療など多様なものが含まれるということも納得がいくであろう。本書の各章では、さまざまな分野でこうした経済学の具体的な分析例を紹介していくことになるが、その前に本章では、もう少し経済学特有のものの見方について詳しくお話する。次節では、経済学においても重要な役割を果たす「ゲーム理論」と呼ばれる学問について紹介しよう。

2 ゲーム理論の思考法

ゲーム理論の誕生

ゲーム理論は学問としては非常に若く、1944年にフォン・ノイマンとモルゲンシュテルンが『ゲームの理論と経済行動』という著書を出版したところから始まったといわれている。もちろん、ゲーム理論的な考え方そのものは19世紀くらいからあったとされるが、それでも物理学などの自然科学の学問と比べるとずいぶん若い。

表1-1 じゃんけん

		フキコさん		
		グー	チョキ	パー
	グー	0, 0	1, −1	−1, 1
ダイスケくん	チョキ	−1, 1	0, 0	1, −1
	パー	1, −1	−1, 1	0, 0

　ゲーム理論の黎明期において、フォン・ノイマンとモルゲンシュテルンは、彼らの著書の冒頭で数理的な土台を持つフォーマルな形での「人間の科学」を打ち立てたいと宣言している。ただし、人間は複雑なので、人間のすべての行動を記述するような統一的な理論（grounded theory）を打ち立てるのは、少なくとも彼らが生きている間は難しいだろうとも述べている。しかし、それでは何もできないのかというと決してそうではなく、彼らはまず単純な行動原理から分析を開始する。それが、西洋ではマッチング・ペニー（コイン合わせ）と呼ばれるゲームの分析である。日本でそれに対応する「じゃんけん」に置き換えて説明していこう。

　じゃんけんは、分析は簡単だけれども、意外におもしろい含意を持ったゲームである。ここでは、2人でじゃんけんをして、勝った方が1点、負けた方は −1点、あいこの場合はそれぞれ0点というルールにしておこう。そうすると、表1-1のように得点表を書くことができる。

　表1-1を見ると、たとえばダイスケくんがチョキを出してフキコさんがグーを出すと、フキコさんの勝ちになる。そして表の中の左側にダイスケくんの得点が、右側にフキコさんの得点が示されている。上の結果の場合はダイスケくんが −1点、フキコさんが1点である。これを、ゲーム理論では「利得」と呼ぶ。2人

ともグーだった場合にはあいこになって、両者の利得は0という結果になる。

このような特徴を持ったゲームは、「ゼロサム・ゲーム（零和ゲーム）」と呼ばれている。両者の利得を足すとゼロになるということから、このように呼ばれている。このゲームでは、うまく明確な解が得られることもあり、分析の出発点として用いられた。じゃんけんの場合は、グー・チョキ・パーの3種類をうまく混ぜて確率3分の1ずつで出すようにすれば、相手に手の内を読まれたとしても負けることがないという意味で、望ましい戦略となる。

とはいえこんなに簡単な話、じゃんけんの話だけで、はたして人間の行動を分析しているなどといえるのか、と疑問を持たれた方も多いかもしれない。しかし、まず初めはこうした簡単な分析からスタートしようという姿勢は、ほとんどすべての学問に共通したものである。現在ではどんなに高度に発展している学問、たとえば物理学や天文学などであっても、最初は簡単・単純な問題を扱うところから始まったのだ。ガリレオ・ガリレイの研究なども、最初はピサの斜塔から重い球と軽い球を落としてみて、それが同じスピードで地面に到達するという落体の問題から始められた。こうした単純で分析しやすい問題から始めて、次第に複雑な対象へと分析を拡張していくのが学問の基本的な姿勢である（ちなみに、ガリレオのピサの斜塔のエピソードは後世の作り話だとの説もある）。ゲーム理論もその例外ではないということである。

ちなみに、ここで登場したフォン・ノイマンは、「博士の異常な愛情　または私は如何にして心配するのを止めて水爆を愛するようになったか（Dr. Strangelove or: How I Learned to Stop Worrying and Love the Bomb）」という映画のモデルにもなった、やや変わった人物である。この映画は、最終的には核戦争を引き起こしてしまうマッドサイエンティストの物語だ。実際のノイマ

表1-2　チキン・ゲーム

		フキコさん	
		妥協	強引
ダイスケくん	妥協	2, 2	1, 3
	強引	3, 1	0, 0

ンも、核兵器開発のマンハッタン計画に関わり、数学基礎論の発展にも大きく貢献した人物である。

ナッシュ均衡

　その後、このゲーム理論がもっといろいろな問題にも適用できるようになると、急速に発展していくことになる。最初の発展は、ゼロサムではないゲームへの拡張である。そこで、まず分析されたのは「チキン・ゲーム」と呼ばれるゲームだ。

　表1-2を見てみると、「妥協」「強引」という2つの戦略が示されており、それぞれに数字が記されている。このゲームでは両者の利得を足してもゼロになっていない。このゲームの分析で力を発揮したのが、「ナッシュ均衡」という概念である。この例では、ナッシュ均衡が2つ存在して、実際にどちらが選ばれるかという点もまた問題になるのだが、本章では詳しい説明は省略するので、関心のある方は章末の「次のステップに向けて」で紹介するゲーム理論の入門書などを読んでみてほしい。

　この概念を確立したジョン・ナッシュもまた、非常に特徴的な人物である。彼は統合失調症に長く苦しめられた経験を持つものの、後の1994年にノーベル経済学賞を受賞した。彼の半生をモデルにした「ビューティフル・マインド（A Beautiful Mind）」と

表 1 - 3　囚人のジレンマ

フキコさん

		黙秘	自白
ダイスケくん	黙秘	2,　2	−1, 3
	自白	3,　−1	0, 0

いう映画も公開され、アカデミー賞を受賞した。

　ほかにもいろいろなゲームがある。中でも特に有名なのは、「囚人のジレンマ」だろう。このゲームは表 1 - 3 で描かれているように、2 人の囚人（容疑者）が取り調べを別室で受けていて、2 人とも黙秘をすれば証拠があがらなくて助かるが、どちらか（ないし両者）が自白をすると証拠があがって罪が確定する。ただし、自分が先に自白をすれば自分の罪が軽減されて、相手が罪をかぶることになる。つまり、相手に自白されると大損するような状況になっている。そのため、相手に自白されるくらいなら自分も自白した方がよいことに加えて、相手が黙秘する場合でも自分が自白した方が罪が軽くなるという形で、いわばニンジンがぶら下がった状況になっている。ちなみにこれは、現実には司法取引といわれ、アメリカなどでは実際に行われていたものだが、日本でも2018年から導入された。

　こうしたゲームのもとでは、どちらのプレイヤーも自分が可愛いので結局自白を選んでしまうことになる。このゲームが「ジレンマ」といわれるのは、2 人が互いに黙秘を選んでいれば罪を免れて高い利得が得られるにもかかわらず、警察の思い通りに自白せざるをえない状況に置かれている点に由来する。

　囚人のジレンマというゲームは、こんなに単純であるにもかかわらず、現実の制度設計にも応用されている。そこで、次節では

ゲーム理論の現実への応用として、1つの事例を紹介しよう。加えて、第4節ではもう1つ、経済学の考え方を用いた制度設計として、東京大学の学生が1、2年次に在籍する教養学部から、それぞれの専攻に基づく学部へ進む際の「進学選択制度」について解説する。

3 ゲーム理論による制度設計：談合とリニエンシー

本節では、ゲーム理論を応用した市場を守るための制度設計の事例として、複数の企業が示し合わせて自分たちが有利になるように行動し、市場から利益を不当に得ようとする問題への施策を紹介する。

入札と談合

まずは、その予備知識として、政府が発注する公共工事における「入札」と、それに際して行われる企業間の「談合」について説明しよう。

政府は、公共工事を建設会社等の民間企業に発注する際に、入札という手段を通じて事業者を選定することが多い。入札にもいろいろなやり方があるが、基本的には、一番安い価格を提示したものがその事業を請け負う権利を獲得するという仕組みである。

また談合とは、その公共工事を請け負う建設会社等の事業者たちが、入札に際して、事前に話し合いを行うことで落札価格をつり上げて儲けを得ようとする行為である。

僕が過去に行った試算によれば、談合による経済損失は年間2〜5兆円ほどである。これはなかなかに大きな規模で、たとえば

消費税は1％上げると2.5兆円くらいの税収になるとされているので、これと比べても大きな損失だということがわかる。

独占禁止法に基づく対抗措置の失敗

　このような損失に対して、政府も手をこまねているわけではなく、「独占禁止法」という法律を作って、こうした行為を防ごうとしている。この法律は、いわば市場でズルをした人や企業を罰するための法律で、「経済憲法」とも呼ばれることがある。この法律に違反する行為を行ったと認められると、対象企業には課徴金が課されることになる（課徴金を罰金と思っていただいてもかまわない。なお、法律では罰金とは刑事罰における用語である。独占禁止法で多く用いられるものは行政措置に当たるので、課徴金と呼ばれる）。

　この談合の問題を、ゲーム理論に当てはめて考えてみよう。2006年より前の、従来の課徴金制度は、談合が発覚したら課徴金を課すという制度であった。ここで、談合の性質を改めて考えてみると、談合はそもそも企業同士の話し合いを通じて行われるものである。そうした話し合いというのは、政府当局が外部から得られる情報だけで証拠をつかむことが難しい性質のものであり、確かな証拠のもとで談合を明らかにするには、内部からの通報や自白が必要となることが多い。

　当然、このことは各企業もよく知っており、通報しなければ談合によって参加企業すべてが談合による利益を得ることができる一方、自社が通報しようものなら課徴金が課されてしまうことになる。

　ということは、従来の課徴金制度のもとでは、企業は通報をしなければ互いに得をし、通報をすると互いに損をする構造になっ

ているのである。すると、談合企業からの通報や自白は期待でき
ないことになる。実際に、この制度のもとでは談合の摘発はほと
んど進まなかった。

ゲーム理論を活用した新制度

　2006年、政府は新しい制度を導入した。すでに欧米では実施さ
れていたもので、「リニエンシー（課徴金減免）制度」と呼ばれ
ている。日本語では、正式には「措置減免制度」という（措置と
は、課徴金を課すことに当たる）。この制度は、談合を通報した
企業に対して課徴金の額を減らすというものである。

　この制度が談合の防止に非常に大きな威力を発揮することにな
る。一見すると、「談合をしたのに許してやる」という制度がな
ぜ談合の防止につながるのか不思議に思われるかもしれない。そ
の辺りのことをゲーム理論で読み解いていこう。

　具体的に現在のリニエンシー制度では、最初の通報者は100％、
次に2番目に通報すると50％、3～5番目だと30％減免されると
定められている。そのため、談合に参加する企業は、他社に先駆
けて早く通報した方が、減免率が大きくなる。ここでは、話を簡
単にするため2社の設定で説明するが、実際の談合では数十社が
関わるような大規模なものもめずらしくないので、3～5番目と
いっても順番としてはかなり早い。

　このような制度を通じて、談合に参加する企業たちを囚人のジ
レンマ的な状況におくことができる。企業は通報しなくてもある
程度の利得が得られるものの、相手が通報していない状況で自分
が通報すると、談合から足抜けができて、しかも課徴金が減免さ
れるので、より大きな利得を得ることができる。このとき、相手
は大損することになる。また、互いに通報しあうと、両方とも談

合が発覚することで不利益を被ることになる。

　ここで、先ほどと同様にゲーム理論に基づいて分析してみると、企業は自分可愛さのために、互いに通報をしあってしまうという結果になる（前掲の表1-3参照）。

絶大だったリニエンシー制度の効果

　これは、絶大な威力を発揮する制度であり、実際に欧米でも成果を上げてきた。そこで、日本政府もこの制度を導入しようとして独占禁止法の改正のための懇談会などを作り、僕も参加してずいぶん議論してきた。

　また、独占禁止法を管轄する公正取引委員会も、企業などを対象として、政府関係者や国内外から研究者を招いてリニエンシー制度について説明・議論するための会議を開催した。

　そこで、質問を無記名で募集したところ、リニエンシー制度の導入は企業関係者から非常に強く反対された。たとえば、「なぜこんな制度が必要なのか」「日本は和の国なのだから、こんな制度は絶対にうまくいかない。あなた方はこんなものがうまくいくと思っているのか」「仮にこの制度がうまくいったとしても、日本は和の国であり、この制度は和を乱す政策だ。日本が滅びるぞ」といった具合である。

　「いやいや、この制度は消費者の利益を守るための仕組みなのです」と話しても、企業の方々は全然納得してくれない。上記のような形でゲーム理論を示して説明してみても、「現実はもっと複雑なんだよ。こんな簡単な表で説明されてたまるか」というような反応が多かった。ところが、実際には、この制度が驚くべき成果を上げることになるのである。

　リニエンシー制度を含んだ改正独禁法が施行されたのは2006年

1月4日である。それから間もない同年3月29日付の『日本経済新聞』で、水門工事の事業で「談合『自首』減免を初適用」と報じられた。報道が3月であるから、その頃には関連捜査もすべて終わり、行政措置が出された段階である。公正取引委員会は細部までは公表していないが、おそらく、制度が施行されてすぐに通報した企業がいるのではないかと思われる。

　上記は1つの事例であるが、2012年6月18日付の『日本経済新聞』でも「カルテル、芋づる式に摘発」という表題のもとで大きく取り上げられ、課徴金減免申請件数が2007年度の約70件から2011年度には140件を超え、課徴金納付命令額も100億円ほどから400億円へと大きく上昇したと報じられた。以前の制度のもとでは、談合の摘発がほとんどゼロだったことを考えると、リニエンシー制度の導入は絶大な効果を上げたと見ることができる。

　しかも、政府はリニエンシー制度を導入するために法律の文言を変えただけで、実施にあたってはほとんど税金を投入していない。にもかかわらず、これだけの成果を上げたのである。また、囚人のジレンマという単純なゲームの現実の制度設計への応用であるのも重要なポイントである。僕は、理論は簡単であるほど現実への応用はうまくいくのではないかと考えている。むしろ、非常に複雑な理論を駆使しても、現実には「風が吹けば桶屋が儲かる」ような話になってしまってあまりうまくいかない可能性が高いだろう。囚人のジレンマくらいの簡単なロジックであれば、実際にも理解されやすく、それに基づく制度の実効性も高いと考えられる。

　ただし、この制度にも問題点がないわけではない。関心を持ってくださった読者は、ぜひ制度の詳細を調べてみて、どのような問題点があるか、できればゲーム理論を用いて考えてみてほしい（講義では、これをレポート課題にしたことを付け加えておく）。

4　マッチング理論に基づく制度設計：東大の進学選択制度

　本節では、ゲーム理論を用いた制度設計のもう1つの応用例として、東京大学の「進学選択」と呼ばれる制度の改革がもたらした効果を紹介しよう。これも、前節のリニエンシー制度と同じく最近大きな変化があった制度である。ここでも、人々が制度にどのように反応するかという点がポイントになる。

「ネコ文二」

　東京大学は文科一類〜三類、理科一類〜三類という6つのコースに分かれて入試を行う。新入生は全員教養学部に所属し、2年次の進学選択制度（昔は進学振分け制度といわれていた）を通じて、成績と志望に応じて専門の学部学科に進学する。よい成績を取らないと志望する学部・学科に進学できない理科一類（理一）の学生などは一生懸命勉強する。

　ところが以前、文科二類（文二）からは単位さえ取れば成績が悪くても経済学部に進学できた。「ネコ文二」はこの状況を描写したものだ。科類等を勉強する順に並べると、文二はネコより劣るという意味である。

　それが、平成20（2008）年の全科類枠の導入を境にすっぱり変わった。全科類枠とはどの科類からでも進学できる枠のことで、経済学部の場合、定員340名のうち、2割弱の60名が全科類枠として設定されている。2割の他科類の学生に門戸を開いたことは重要だが、より効果的だったのは、成績下位2割の文二生は事実上経済学部に進学できなくなったことである。

　上位8割に入ればよいならそれほど難しくない。少しだけ勉強すれば済む話だ。しかし、みんなが今までより少しずつ勉強する

と、上位8割のラインは上がる。だからもう少し勉強する。これを繰り返すことで、みんなかなり勉強するようになったのだ。怠け癖をつける暇もない今の経済学徒は、昔よりずっと勉強熱心だ。

　大学生が勉強しないといって嘆く識者がいるが、制度を批判して人を批判せず。制度が変われば人は変わる。こうして、文二生はネコを超えたのである。

人生を賭ける進学選択制度

　全科類枠の導入によって「ネコ文二」問題は解決されたものの、進学選択制度が抱える問題点は消えなかった。各学部に進学できる最低点、通称「底点」に翻弄される学生たちの苦悩がそこにあった。問題は各学部学科の底点が毎年乱高下してしまうことだ。乱高下する学部学科は定員数が少ないことが多く、中には60点と80点の間を行ったり来たりする学科もある。これらの学部学科に進学したいと考える学生の側からすると、困った問題である。

　そこで、2018年度に各学部学科へ進学する者から（制度の運用は2017年度から）、新たな進学選択制度が始められることになった。この制度にはゲーム理論の一分野である「マッチング理論」の成果が応用されている。具体的には、「受入保留アルゴリズム」（deferred acceptance algorithm）と呼ばれる方法がそれだ。

　このマッチング理論の分野では、ロイド・シャプレーとアルヴィン・ロスという2人の経済学者が先駆的な業績を上げて2012年にノーベル経済学賞を受賞している。ちなみに現在、この分野の世界的な第一人者は、現・スタンフォード大学教授の小島武仁氏だ（2020年4月時点）。

　このマッチング理論は、さまざまな実際の制度で実践されている。たとえば、アメリカなどでは学校選択制度に導入されている

し、病院と研修医のマッチング制度でも活用されている。後者は日本でもすでに導入されている。この受入保留アルゴリズムを、東京大学の進学選択制度に導入したのである。

従来の制度に基づく進学選択の結果

　それでは、この仕組みの導入によってどんな変化が生じたのかを、以下の単純化されたモデルを使って見ていこう。

　ここでは、フキコさん、ダイスケくん、アキヒコくんという3人の学生がいて、それぞれがX学部、Y学部の2つの学部への進学を考えており、各学部の定員は1名ずつとしよう。また、各学部はそれぞれの学生を点数で評価しているとする。このモデルでは、フキコさんは80点、ダイスケくんは70点、アキヒコくんは60点で各学部から評価されており、各学部は評価点の高い順に進学を認めるとする。なお実際には、各人の評価点は学部ごとに異なっている。しかし、その場合でもうまく機能するというのが受入保留アルゴリズムのミソであるのだが、ここでは簡単化のために学部ごとに各人に対して同じ評価点を持っているとしておこう（設定は表1-4にまとめた）。

　さらに、フキコさんとダイスケくんは第1志望がX学部で競合していて、アキヒコくんの第1志望はY学部である。また各人とも、進学せずに前期課程に留まる（このことを「降年する」という）よりは、第2志望の学部に進学したいと思っているとする。

　なお実際の運用でも同様だが、評価点が非常に高い人は制度がどうであれ自分の行きたい学部に進学することができるので、他者や制度を気にしないことが多い。逆に、評価点が非常に低い人も、はじめから進学できる学部が限られてしまうので、同様にあ

表 1- 4　進学選択の設定

学生	第 1 志望	第 2 志望	評価点
フキコさん	X 学部	Y 学部	80
ダイスケくん	X 学部	Y 学部	70
アキヒコくん	Y 学部	X 学部	60

まり気にしない。したがって、制度の影響を最も受けやすいのは、ダイスケくんのような評価点が中程度の学生である。そこでダイスケくんに注目して制度変化の効果を見ていこう。

　まず、従来の制度では第1志望優先の制度がとられていた。この制度のもとでは、みんなの第1志望で定員が埋まってしまった場合は、それで振り分けが終了し、それ以降に第2志望で誰がやってきても受け入れることはない。この制度のもとで、各人が自分の志望順の通りの学部に応募する、つまりフキコさんとダイスケくんはX学部に、アキヒコくんはY学部に応募すると、X学部はより点数の高いフキコさんの進学を認め、Y学部は定員1人に対してアキヒコくんのみの応募なので、アキヒコくんの進学を認めることになる。すると、残されたダイスケくんはX学部に進学できなかったので、第2志望のY学部に回ることになるが、すでにY学部は定員に達しているので、門前払いされてしまう。結果、ダイスケくんはどの学部へも進学することができず、降年することになる。

　ここで、ダイスケくんは「しまった、第1志望をY学部にしておけばよかった…」と思うのである。実際、本当はX学部に行きたいダイスケくんが、自分の評価点が微妙なので底点の低いY学部を第1志望にして提出したとしよう。すると今度は、X

学部にはフキコさんだけが応募し、Y学部でダイスケくんとアキヒコくんが競合することになる。このとき、X学部はフキコさんに決まり、Y学部はアキヒコくんよりも評価点の高いダイスケくんに決まることになる。ダイスケくんは、自分の志望を調整し、あえて第2志望に応募することで最悪のケースを免れることができるのである。

しかし、上記のような行動はいわば一種のギャンブルだ。実際には他人の評価点や志望学部は各学生にはわからないわけで、もしフキコさんの評価点がダイスケくんよりも低ければ、ダイスケくんは実は第1志望のX学部へ行けたにもかかわらず、あえて志望順位の低いY学部への進学を選択してしまうことになる。これは事前にはわからないので、ダイスケくんは結果発表後に公表された底点を見て後悔することになってしまう。つまり従来の制度では、どこを第1志望として書いて提出するかは、こういう意味でかなりギャンブル性が潜んでいたのだ。各人は、底点を見ながら応募を検討することになり、定員が多く底点が毎年安定している学部学科ならばまだ予想も付けやすいが、定員が少なく毎年底点が乱高下するような学部学科の場合は事前に予想するのは相当難しく、ギャンブル性はますます高くなってしまう。

こうした状況下で、学生たちは毎年不必要な心配をして神経を擦り減らしていた。そのため、特にマッチング理論のことなどを知る経済学部の教員たちは、制度を変えて何とかしたいと思っていた。そしてあるとき、同僚のゲーム理論家である尾山大輔氏が制度変更のために立ち上がって、進学選択制度について議論する委員会に参加し、他学部の教員とも連携し、先ほど述べたように2018年度進学者から受入保留アルゴリズムを導入した新制度を実施することになったのである。

受入保留アルゴリズムの威力

受入保留アルゴリズムに基づく新制度では、評価点の高さを優先して進学者が決定される。実際に何が起こるかを考えてみよう。

まず、全員が自分の志望順位に従って応募するとする。X学部にはフキコさんとダイスケくんが応募し、Y学部にはアキヒコくんが応募する。そして、各学部は評価点に従って、この段階では「仮に」X学部はフキコさん、Y学部はアキヒコくんを受け入れておくことにする。この仮に受け入れておくというところが、受入保留アルゴリズムと呼ばれるゆえんである。もちろん、この段階では本人に知らせることはなく、アルゴリズムの中で処理される。

ここで、X学部に入れなかったダイスケくんが第2志望のY学部に回る。すると、Y学部の定員が超過することになり、改めてダイスケくんとアキヒコくんの評価点を比較して進学者を決めることになる。ここが新制度のポイントである。先ほどはダイスケくんが回ってきても、すでに第1志望でアキヒコくんに決まっていたY学部はダイスケくんを門前払いしていたが、新制度では、改めてダイスケくんとアキヒコくんの評価点を比べるのだ。しかもその際には、各人が第1志望であるか第2志望であるかは関係なく、評価点で進学者を選ぶのである。この例では、ダイスケくんは70点、アキヒコくんは60点なので、アルゴリズムの結果、Y学部はダイスケくんに進学を認めることになる。そして、アルゴリズムとしてはY学部から漏れたアキヒコくんは第2志望のX学部に回るが、ここでも評価点はフキコさんより低いため、アキヒコくんは降年となる。

次に、フキコさんの評価点が最も低く、55点だった場合にはどうなるかを考えてみよう。他の状況は以前とまったく同じとすると、先ほどと同様のアルゴリズムに従って、X学部ではより評

価点の高いダイスケくんに決まり、第2志望でY学部に回ってきたフキコさんはアキヒコくんと点数が比較されて進学者アキヒコくんとなり、今度はフキコさんがどの学部にも進学できずに降年することになる。

ここでのポイントは、新制度のもとではダイスケくんが底点を読んで自分の志望順位を変えたりして応募する必要がなくなったということだ。ダイスケくんは、同じくX学部が第1志望であるフキコさんの評価点が自分より高かろうが低かろうが、気にせず自分の第1志望に応募すればよいのである。もし第1志望に進学できなくても、次に第2志望に回って評価点で勝負できるので、あえて最初から第2志望に出す必要はない。新制度のもとではギャンブル性はなくなり、自分の志望順位通りに応募すればよい。これが、この仕組みの一番のポイントである。

ところで、この事例も現実には、必ずしも常に理想的な結果をもたらすわけではない。それはなぜか、ぜひ考えてみてほしい（リニエンシー制度の問題点同様、講義の際にレポート課題にしたことを付け加えておきたい）。

5 おわりに

本書でこれから紹介していくように、経済学の方法論は多種多様で、数理的なモデル分析を専門とする研究者もいれば、古文書などを読み解く歴史学的なアプローチを専門とする研究者、データ分析や実験・実証を専門とする研究者などさまざまである。また、分析対象も本書の各章で紹介するように、さまざまな分野にまたがっている。

詳しくは各章をご覧いただくことにして、僕の話はこの辺りでやめることとしよう。

次のステップに向けて

　ゲーム理論がおもしろそうと思われた方は、まず以下の2冊をチラ見してみよう。①はウィットに富んだ語り口でゲーム理論の考え方のエッセンスを伝えてくれる。②は僕の本。我田引水だが、読みやすいと自負している。

① 梶井厚志（2002）『戦略的思考の技術——ゲーム理論を実践する』中公新書
② 松井彰彦（2010）『高校生からのゲーム理論』ちくまプリマー新書

　もう少し学びたいな、という人には下記の2冊を。どちらも大学生向けで、東大の教科書に使われたこともある。③は東大駒場で評判ナンバーワンの講義の書籍化だ。④は先述の梶井氏と僕の共著。市場の話を、ゲーム理論を学びながら読み解いていく。

③ 神取道宏（2014）『ミクロ経済学の力』日本評論社
④ 梶井厚志・松井彰彦（2000）『ミクロ経済学　戦略的アプローチ』日本評論社

　研究者が学んできたゲーム理論に触れたいという方には、以下をオススメしたい。英語のテキストブックにも引けを取らないゲーム理論のクラシックなテキストだ。これを読みこなせれば、あなたもゲーム理論家になれるかも。

⑤ 岡田章（2011）『ゲーム理論（新版）』有斐閣

02

〈 公共経済学 〉

市場の力、政府の役割

小川 光

テーマ

価格を通じた市場メカニズムの成功と
失敗を明らかにする

具体例

料理店でのアルバイト、橋の建設、
法人税率の引き下げ、
ふるさと納税の返礼品競争

1　はじめに

1980年にアメリカの公共放送で「選択の自由（Free to Choose）」という番組が放送された。その中で、1976年にノーベル経済学賞を受賞したミルトン・フリードマン教授が、詩人レオナルド・リードによる"I, Pencil"という詩をもとに、「1本の鉛筆」と題した話をしている[1]。彼は、私たちもなじみのある頭に消しゴムのついた黄色い鉛筆を取り出して、こう言う。

「世界の誰一人として、この鉛筆を作ることはできない」

1本たった30円程度の鉛筆を作れる人がいないというのは、どういうことだろうか。鉛筆は目の前にあるのだ。彼は続けて、こう言う。

「鉛筆で使われる木材はワシントン州で伐採されたものだ。伐採するときには鋸が使われたはずである。その鋸の刃の材料は鉄鉱石で、それもどこかで誰かによって採掘されたものだ。鉛筆の芯は鉛でできているが、それはおそらく南アフリカが原産地だろう。頭についている消しゴムの原材料は、おそらくマレーシアが原産地。そのマレーシアにはもともとゴムは自生しておらず、イギリスのビジネスマンが南アフリカから持ち込んだものだ。消しゴムをつなぎ留める真ちゅうや接着剤、黄色に色付けするための塗料も、それぞれ、どこかから誰かの仕事の結果としてやってきている」

彼の言いたいことは、次のようなものだ。目の前に1本の鉛筆があるということは、たった1本の鉛筆を作るために、何千人もの人が協働した結果なのである。彼・彼女らが話す言葉は異なるだろうし、信じる宗教も違うかもしれない。もし彼・彼女らが道

で出会っても見知らぬ者同士として通り過ぎるだけ。会ったこともないし、話したこともない何千人もの人たちが、1本の鉛筆を作り上げるために、意図せずとも結果として協働したのである。

そんな奇跡のようなことが起きたのは、なぜだろうか。もちろん、1本の鉛筆を作るために、世界に散らばる人たちを巻き込んだ壮大な計画があったわけではない。誰かに命令されたからでもない。見ず知らずの何千人の人々が協働することになり、結果として1本の鉛筆を生み出すことができるのは、そして私たちがその鉛筆を手にすることができるのは、あちらこちらに「市場」があるからであり、そこで、さまざまな人々の思惑をうまく調整する「価格メカニズム」があるからこそなのだ。

2　市場の力

なぜほしい物がいつでも買えるのか

世の中には、年齢や性別、所得や家族構成、考え方や好みなど、実に多様な人々が存在している。それに応じてだろうか、私たちの身の回りは、数多くの商品やサービスにあふれている。長く売られている定番商品もあれば、次から次に新商品が出現したり、逆にひっそりと店頭から消えていったりする商品もある。

日本の清涼飲料を例にすれば、2017年には6191種類もの製品が国内に出回っていて、そのうち、1184種類は新商品として新たに生まれ、1269種類が市場から消えている[2]。日本の清涼飲料だけで6000を超える種類の商品があるのだから、世の中には、いったいいくつの商品やサービスがあるのか見当がつかない。これらのすべてを世界中に行き渡らせるような計画を誰かが立てようとしたら、スーパーコンピュータが何台あっても足りないだろう。そ

う考えると、これだけ多くの商品が毎日毎日混乱をきたさずによくも人々の手に行き渡っているものだと感心してしまう。

　なぜこのようなことが可能なのかを、ある小さな料理店を題材に考えてみよう。そこでは料理人を兼ねた店主とアルバイトが1人働いている。ある日、店じまいの時間が近づき、アルバイトが定刻通り帰ろうとした。すると、そこに常連のお客さんから電話があり、今から食事をしたいという希望が伝えられた。これまでの経験から、そのお客さんが来ると高いお酒を頼んでくれることはわかっているので、2万円ほどの利益が出ることが予想できる。店主としては、ぜひその申し出を受けたい。ただ、1人では接客できないのでアルバイトに2時間ほど延長をお願いしなければならない。もちろん、1000円の時給はきちんと支払うつもりだ。

　ところがアルバイトは、仕事が終わったら映画を見に行くつもりでチケットを前売りで買ってしまっていた。それをムダにしたくないので、今日は帰りたいと伝える。さて、店主は困ってしまった。このままでは来客を断らなくてはならない。そこで店主は、アルバイトに今回だけ特別に時給3000円を出すというオファーをした。こうなると話は変わってくる。2時間で6000円をもらえるなら、映画のチケットをムダにしても働く価値がある。映画はまだしばらく公開しているので、また別の日に見に行けば問題はない。ということで、アルバイトはそのオファーを受けることにした。おかげでお客さんも喜び、店主も利益を上げることができ、アルバイトもいつもより多い給料を手にして、みんなにとってハッピーな一夜になったのである。

市場が最適な状態を導く

　さてこの何気ないエピソード、皆さんも同じような経験をした

ことはないだろうか。実はこの中に、経済学の大事な要素がいくつか詰まっている。たとえば、アルバイトが働く意思がないことを告げると、店主はすかさずアルバイト代の値上げを提案した。その結果、アルバイトが働くことを選択し、おかげでサービスは滞りなく提供されることになったのである。これは一般的によくある話で、商品が取引されている場で、それが不足しているときには価格が上がり、余っているときには価格が下がる。労働力についても同じで、働き手が足りなければ賃金が上がり、余れば賃金が下がる。こうやって価格や賃金が変動することで需給が調整され、最終的にモノやヒトが過不足なく配分されるようになる。これが「市場（における価格調整）メカニズム」である。ここでは店主とアルバイトという２人の関係しか見ていないが、現実の世界ではこうした調整が世界中のあちらこちらで行われている。膨大な数の商品が何十億人の人々の間で、何とかうまく回っている最大の要因は、市場とそのメカニズムにあるのである。

　また、このエピソードの中では、誰も他者のことを思いやって行動しているわけではない点にも注目してほしい。お客さんは自分が食事をしたいからお店に来たのだし、店主は利益がほしくて接客している。アルバイトもいつもより多くの時給がもらえるという理由で働いた。しかしながら、そうであるにもかかわらず互いが互いを幸せにする関係ができあがり、結果的には３人で作る社会全体がハッピーエンドを迎えている。

　私たちはなんとなく、個人が好き勝手に行動すると社会全体が変な方向に行ってしまうと考えがちだが、経済学の教えは違う。すべての個人が自分の利益を追求して行動すると、結果的に社会全体が望ましい状態に落ち着くというのである。このことを、経済学者は厳密な数学を用いて「厚生経済学の基本定理」という形で証明した。ここでいう望ましさは、アイデアを提示したイタリ

アの哲学者の名前を冠した「パレート最適（効率）」という基準で評価されている。先の料理店の例でいえば、時給が1000円の状態に比べると、最終的には誰一人として状態が悪くなることなく、皆の状態が改善されている。このような変化を「パレート改善」と呼ぶ。パレート改善が可能であるということは、今の状態よりももっと良い状態があることを意味する。そして、もうこれ以上パレート改善できないという状態をパレート最適であるとして、最終的な結果を評価する基準の1つにしているというわけだ。

　人間の行動や社会の有様を、数学を使って明らかにするというのは初学者にとっては驚きかもしれないが、それもまた経済学のおもしろいところだ。紙面の都合でここではすべてを紹介することはできないので、もし興味を持ったらミクロ経済学の教科書で勉強してみてほしい[3]。

3　政府の役割：公共経済学とは

　経済学における最も重要な結論は何かと問われたとき、筆者なら「市場は効率的である」と答える。続いて、経済学における2番目に重要な結論は何かと問われたら、今度は「市場は万能ではない」と答える。市場は多くの場面で私たちに恩恵をもたらしてくれる一方、市場では解決できない問題も少なからず存在する。その代表例が、「市場の失敗」と呼ばれるものだ。これは、市場に任せてもある財やサービスが過大に生産されたり、あるいは、逆に過小にしか生産されなかったり、場合によっては、本来供給されるべきものがまったく市場に供給されない事態が生じることである。

　また市場の力だけでは、公平な分配が実現する保証はない。そ

れどころか、往々にして、人々の間に到底容認できないほどの所得や資産に関する不平等が発生してしまうこともある。これも、市場における自由な取引の帰結の1つである。前節で紹介した料理店のエピソードに戻ると、あのとき店主は2万円の利益を得て、そのうち6000円をアルバイトに渡した。つまり、それぞれの取り分の比率は7：3になっている。これが公平かどうかは意見の分かれるところだが、この結果が生じたのはたまたまであって、店主とアルバイトの力関係次第では9：1や、逆に1：9などといった極端な分配になることもありえる。そして、市場はそれを解決する力を持っていないのである。

　このように、市場だけでは解決できない問題が存在するとき、政府が市場に介入し、より望ましい社会への舵取りをする必要性が生じる。公共経済学とは、市場における自由な取引を行う経済社会を前提にしつつ、そのもとで発生する市場の失敗と不平等にかかわる問題に対して、政府、自治体、公企業といった公共部門がどのような役割を果たせるのかを研究課題とする分野である。言い換えれば、現代の市場における取引を中心にした経済社会で私たちが目にするさまざまな問題、たとえば貧困や老後の生活への備え、少子化やインフラの老朽化、地球温暖化などに対して、政府や自治体は何をすべきか、その際にどのような方法が考えられるかを提案していく学問であるといえる。以下では、このような政府の役割を順番に見ていこう。

4　市場は失敗する

　2人の個人がいて、彼らは自分の所得を上げたいと考えている。すぐに思いつくのは、勉強して何か資格を取ることだろう。仮に

専門学校に通って勉強するとなれば学費が必要だし、勉強している時間は働けないので、その分所得が減ってしまう（こうして減ってしまった所得を「機会費用」という）。他にも教科書や受験料などの支出もあり、これら諸々をあわせると全部で500万円の費用がかかるとする。一方で、彼らの能力を考えれば、しっかりと勉強すれば資格を取ることは難しくなく、そのときには生涯所得が800万円増えると見込まれるとしよう。さて、このような状況で彼らはどうするだろうか。

　普通に考えれば、何か特段の事情がない限り、資格を取るという選択をするはずだ。そうすることで彼ら自身にもメリットがあるし、結果的に社会全体の生産性も上がるだろう。個人が自己の利益を追求することで社会全体が望ましい方向に導かれるというのは、第2節で確認した通りである。

個人が合理的に行動できない場合

　しかしながら、このような結論になるためにはいくつかの条件が必要である。まず、大前提として個人が合理的に自分の行動を判断できなければならない。経済学では伝統的に、ある行動と別の行動の結果を冷静に比較できるという合理的個人を対象として分析を進めてきた。しかし、近年の行動経済学や実験経済学の発展により、人間は経済学が想定するほど合理的ではないということが明らかになっている。だから、資格を取れば有利になるとわかっていても、ついつい誘惑に負けて勉強を怠ったり、そもそも資格を取ることのメリットがよく理解できなかったりすることが起こりうるのである。

　そのようなときには、個人の自由な選択に委ねるのではなく、たとえば政府のちょっとした支援が効果を持つ場合がある。近年

は、肘で軽くつつくという意味を持つ「ナッジ」というアプローチで、人々がある行動をとるようにさりげなく促す手法が研究されている[4]。

競争が成立していない場合

　これまでの議論では、実は暗黙的に「完全競争」と呼ばれる市場を想定していた。完全競争とは、市場への参加者が多数存在し、情報が完全で、市場への参入や退出が自由であるという条件が満たされている状態のことをいう。この中の条件が1つでも満たされていなければ、その市場は完全競争市場ではない。たとえば、供給者が1人しか存在しない市場は「独占市場」と呼ばれている。

　完全競争市場の場合、高価格・低品質の商品を売っている企業は市場から淘汰されてしまうが、市場が独占状態の場合には、消費者はその独占企業から買うという選択肢しかないことになる。その結果、独占企業は消費者の足下を見て高い価格をつけることが可能となる。このことを企業が「価格支配力」を持つという。また、どうせ売れるからと品質改善のための努力を怠ったりするようになる場合もありえる。このような弊害を防ぐために政府は独占禁止法を定めたり、公正取引委員会に市場の様子を監視させたりしている。

　しかし、財やサービスをたくさん提供するほど単位費用（商品を1つ作ることの費用）が下がっていくような産業では、競争が成立せず自然と独占になることが知られている。その代表例として、電力・ガス・鉄道などの産業が挙げられる。これらに対しては単に独占を禁止するだけでは効果がないので、地域独占を認めたうえで、価格を規制するという政策が採用されてきた。しかし、生産技術の変化や世界的な規制緩和の動きの中で、これらの産業

でも自由化が進みつつある。こうした政策の是非について検討するのも、公共経済学の役割の1つである。

情報が非対称な場合

　これまでの議論では、市場の参加者が全員同じ情報を持っていることを前提としていたが、現実的には持っている情報に偏りがあるケースもありうる。ここで再び、所得を上げようとしている個人を考えてみよう。先ほどは、資格を取ればどれだけ所得が増えるかを各自が把握しているという状況を想定していた。しかし、その資格が仕事の中でどのように活かされ、どれぐらいの生産性の上昇が見込まれるかを事前に知ることは難しいこともある。そこで、ここでは雇う側と雇われる側で情報の非対称性が存在していると仮定してみる。つまり、雇う側はこれまでに何人もの労働者を見てきたので、資格を持っているとどれぐらいの生産性が上がるかを知っている。一方、雇われる側はまだ現時点では資格を持っていないため、それがどのように活かされるかをきちんと把握していない。このような非対称性が存在すると、雇う側は資格の価値をあえて過小評価し、それによって給料の引き上げ分を押さえようとすることが可能になる。そして、そのような行動は、結果的に資格を取ろうとする人を減らしてしまい、誰にとっても望ましくない状況を生み出してしまうことになるかもしれない。

　情報の非対称性が存在する具体的な例としては医療保険市場が挙げられる。保険の加入者は自分の健康状態をある程度把握しているのに対し、保険会社が個々人の健康状態を知ることは困難である。このような市場を自由化すると、健康な人は保険に加入せず、不健康な人だけが加入することになる。それでは保険会社の経営が成り立たないので、結果的に保険市場が成立しなくなって

しまう。情報の非対称性に起因するこのような問題は「逆選択」問題と呼ばれたりする。市場に任せておくと生じるこのような問題に対処するために、医療保険に関しては政府が国民全員を強制的に保険に加入させるなどの仕組みを導入している。

対価が正当に支払われない場合

　前提を少し変えて次のような状況を考えてみよう。ある村の川沿いの地区に2人の個人が住んでおり、川に橋が架かることを望んでいるとする。そこで、地元の建設会社が建設費用1000万円を寄付によって集めることができたら橋を建設することにした。もし橋を利用できるようになると、2人は川の向こうのより良い職場で働くことができて生涯年収が800万円増えるとしよう。このとき、2人が橋建設のための寄付をするかどうかを考える。もし2人が寄付をすると答えた場合、橋の建設費用は折半されて、各自が500万円を負担する。1人が寄付をすると答えた一方で、もう1人は寄付をしないと答えた場合、前者が建設費用の1000万円を負担する。2人とも寄付をしないと答えると、両者に費用負担はないが橋が架かることもない。この状況は、表2-1によって表現できる。

　個人はそれぞれ寄付をするかしないかを選択する。表の各セルの前の数字は個人1の所得の純増額、後ろの数字は個人2の所得の純増額を表している。第1章で出てきたナッシュ均衡の考え方を適用すると、この状況では、両個人が寄付をしないという選択がなされる。つまり、お金を出し合って橋を建設した方がよいにもかかわらず、両者の自由な意思決定に任せると橋がかかることはないという結末に陥ってしまうのである。

　ところで、この橋の話と、先ほどの資格の話はよく似ている。

表2-1　橋の費用負担

	個人2	
	寄付する	寄付しない
個人1 寄付する	双方の負担により 橋が架かる 800－500　　800－500	個人1の負担により 橋が架かる 800－1000　　800－0
個人1 寄付しない	個人2の負担により 橋が架かる 800－0　　800－1000	橋は架からない 0　　　　　0

　2人の個人がそれぞれ500万円ずつ出し合えば両者の所得が800万円ずつ増えるという点はまったく同じだ。それにもかかわらず、橋のケースでは両者ともにお金を払わず、資格のケースでは両者ともにお金を払うという結末になる。この違いは何だろうか。

　ここでのポイントは、資格のケースでは対価を支払った人間だけが利益を得ることができるのに対し、橋のケースでは橋が架かりさえすれば対価を支払っていない人間でも恩恵にあずかることができるというところにある。このような状況では、自ら積極的に対価を払わず誰かが支払ってくれるのを待つのが合理的な判断になる。そして、すべての人がそう考えてしまうと、結果的に誰も対価を支払おうとしないという状況が生まれてしまう。このような性質を持つ財のことを「公共財」という[5]。よって、公共財の供給に関しては市場の自由な取引に委ねるのではなく、税金を財源として政府が供給することが望ましいとされている。

　公共財とよく似た概念に「外部効果」というものがある。外部効果とは、ある主体と別の主体の間で対価のやりとりをせずに与えられる影響のことをいう。他人の家の庭にある花壇を見て（対価を払うことなく）きれいだなと感じたり、道行く車の排気ガス

を吸わされて（対価を受け取ることなく）不愉快に思わされたりするのは外部効果の一例だ。公共財と同様に、外部効果も正当な対価が支払われないために市場がうまく機能しない。よって、ここでも政府が財を直接供給したり、取引の量や価格を規制したりする必要があるのである。

分配の公平性

　市場の失敗への対処と並んで、公共経済学が取り組むもう1つの重要な課題は、分配の公平性をどう実現するかである。しばしば私たちは、人々の間での所得や資産の格差を見て、不公平や不平等の問題を感じる。所得を獲得する手段は働くことだ。そこから得る労働所得は、労働を提供した本人の努力や勤勉さなどを大なり小なり反映するので、その意味では、人々の間で所得の格差があっても、あるいはあるからこそ公平だといえるかもしれない。

　しかし市場では、そのような観点で見たとしても容認できないほどの所得格差が生じる場合もある。そもそも、先天的な能力や、病気・事故など、その原因を本人に帰することができないものが、労働市場を通じて所得格差を生むとしたら、市場は不公平を助長する役割を果たしていることになる。また、自分の努力とは無関係に親から多額の遺産などを受け継ぐ人もいる。本人がどれだけ努力しても、到底容認できず、また解消しえないような格差がある世の中であれば、努力することさえ諦めてしまうかもしれない。市場の価格調整は、1人ひとりの所得や資産の状況に応じて行われるわけではない。市場では公平な分配が保障されないことを、広い意味での市場の失敗ということもある。そのため、市場における価格調整メカニズムでは果たすことのできない、平等で公平な社会の実現については、所得や富の再分配を行うことを通じて、

政府にその役割が期待されているのである。

5　政府も失敗する

　ここまでは、市場の欠点を補正する存在として政府を捉えてきた。ところで、市場にはできないことでも、政府なら可能だと考える根拠は何だろうか。たとえば、政府が何らかの政策を実行する際には、その政策がどのような効果をもたらすか、その政策にどれぐらいの費用がかかるか、費用に対して効果が上回っているか、恩恵を受けるのは誰か、被害を受ける人はいないか、費用を誰から徴収するかなど、考えなければいけないことがたくさんある。しかし、1人ひとりがそれぞれの思惑を持って参加する市場が失敗するならば、1人ひとりの官僚や政治家から構成される政府もまた失敗してもおかしくない。「政府」といっても、それは1人ひとりの人間から構成されているので、もしかしたら、一般市民と同じように、自分の利益を優先して政策を決めているのかもしれない。あるいは、政府が市場に関する正確な情報を有していないなどの事情で、経済社会全体を良くする政策があるとしても、それを実行できないのかもしれない。これらを総称して「政府の失敗」という。政府の失敗の原因を解明したり、失敗を防ぐための方策を考えたりすることも公共経済学の一部である。また、政府の失敗によりフォーカスを当てる学問として、新政治経済学や公共選択論がある。公共経済学とこれらの分野を総称して、「公共部門の経済学」と呼ばれることもある。

　政府や自治体が国民や市民のためではなく、その中の構成員である政治家や官僚の利害のために行動する結果、市場の失敗を是正することができず、政府の失敗を招いてしまうというのはわか

りやすいだろう。他方で、政府や自治体は国民や市民のためを思って政策決定を行っているにもかかわらず、望ましい状態、すなわちパレート最適な状態を達成することができない場合もある。ここでは、そのような例をいくつかの研究に触れながら、2つ紹介しよう。

租税競争

　1990年代初頭のEU（欧州連合）の誕生によって、加盟国の間で、ヒト、モノ、カネ、サービスが国境を越えて自由に移動できることになった。それを機に、1980年代終わりまで一定の水準を保っていたEU加盟国および周辺国の法人税率は、EU統合を見通せるようになった時期から、急速に低下していった。図2−1では、日本の法人税率の推移と合わせてEUの法人税率の（単純）平均の推移を示しているが、EUの法人税率の平均は、約30年の間に半分程度になっている。

　特に大きな引き下げを見せたのが、チェコ、ハンガリー、アイルランドといった比較的経済規模の小さな国々だ。たとえば、チェコはEU統合時（1993年）の法人所得税率が45％だったものが2019年時点では19％まで低下している。同様に、アイルランドでは1993年の40％から2019年時点では12.5％まで、ハンガリーでも同40％から9％まで法人所得税率が引き下げられた。これは、各国政府が、法人税率を引き下げて、主にドイツやフランスなどに拠点を持つ企業本社や事業所を自分たちの国に誘致して、雇用や税収を増やし、それをもとに公共サービスを充実することを通じて国民の厚生を高めるために行ったものである。

　日本も1990年代後半までは法人税率は一定水準を保っていたが、法人税率が日本よりも低い近隣アジア諸国との競争に負けまいと

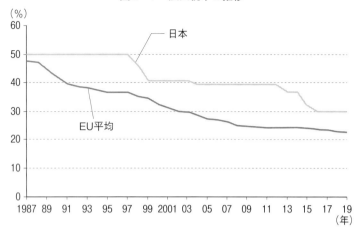

図2-1 法人税率の推移

（出所）OECD Statistics, Table II. 1. (Statutory Corporate Income Tax Rate, Combined Central and Subcentral) より作成。

税率を引き下げている（図2-2参照）。各国は、あくまで自分の国に事業所や工場、企業本社を立地してもらうことで、国内の雇用や税収を確保しようとしているわけだ。減税によって各国政府が国境を越えて移動する企業や事業所、優秀な人材をめぐって競争する状況は、「租税競争」と呼ばれる。そして、グローバル化された市場において、企業や事業所をめぐって競争を行う場合、いくら自国民の厚生のために政策を決める「良い」政府であったとしても、選ばれる政策は、各国にとって望ましいものになるとは限らないことがわかっている。

　このことを、表2-2をもとに説明してみよう。いま、売上が10億円の企業4社を2つの国が誘致し合う状況を考える。各国は売上に課す法人税率を20％にするか30％にするかを選択する。そして、もし両国が同じ税率を選択したとしたら、4つの企業は両

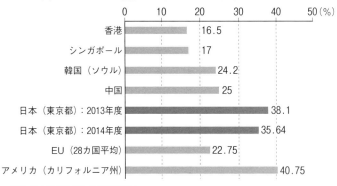

図2-2　アジア諸国を意識した法人税率の引き下げ

	(%)
香港	16.5
シンガポール	17
韓国（ソウル）	24.2
中国	25
日本（東京都）：2013年度	38.1
日本（東京都）：2014年度	35.64
EU（28カ国平均）	22.75
アメリカ（カリフォルニア州）	40.75

（注）国と地方をあわせた実効税率。
（出所）『日本経済新聞』2014年1月21日付より作成。

表2-2　法人税率の引き下げ競争

国2

		20%	30%
国1	20%	両国に2社ずつ立地 4億円　　4億円	国1に4社が立地 8億円　　0億円
	30%	国2に4社が立地 0億円　　8億円	両国に2社ずつ立地 6億円　　6億円

国に半分ずつ立地するとする。逆に、一方の国の税率が他方の国よりも低ければ、すべての企業が税率の低い国に立地するとする。各国の政府は、公共サービスを供給することで国民の厚生を改善するべく、その財源となる税収をなるべく多く確保しようとすると考える。このとき、各国政府が直面する状況が表2-2に示されている。

　各セルの前（後）の数字は国1（国2）が獲得する税収である。

両国にとって望ましいのは、両国ともに法人税率を30％とすることだ。しかし、どちらの国にも税率を引き下げるインセンティブがある。自分の国だけが税率を引き下げれば、すべての企業の誘致に成功して、税収を8億円に増やすことができるからである。そして、前節と同様にナッシュ均衡を求めると、結局、各国政府は法人税率を20％に引き下げることがわかる。この状態は、両国が法人税率を30％に維持した場合に比べて低い税収しかもたらさない。つまり、租税競争の結果、法人税率を各国が協調して引き上げればパレート改善できる状態に陥ってしまうのである。

　実際に租税競争が起きているか、どのくらいの問題が起きているのかについては、多くの研究で検証されている。EUを例にした研究では、2006年時点で法人税率の平均は27.5％であったものの、もし法人税の引き下げ競争がなかったら、税率の平均は40％程度だったはずだということがわかっている（Overesch and Rincke 2011）。また、アメリカの州政府を念頭においた研究では、州政府間の租税競争の結果、税収の5％相当を失っているという研究があるし、先進国の法人税率の引き下げ競争が途上国の成長を阻害していること、すなわち多くの先進国によって構成される経済協力開発機構（OECD）の加盟国が法人税率を引き下げ合うことによって、非OECD加盟国のGDPが1.3％も減少してしまっているという報告もある（Parry 2003；Crivelli, de Mooij and Keen 2016；IMF 2019）。「底辺への競争」とも呼ばれるこのような税の引き下げ競争を回避する方策は、実務制度面でも、またアカデミックな側面からも提案されているが、なかなか決定打がない状況が続いており、公共経済学の一分野として今でも盛んに研究がなされている[6]。

図2-3 ふるさと納税の受入額と件数の推移

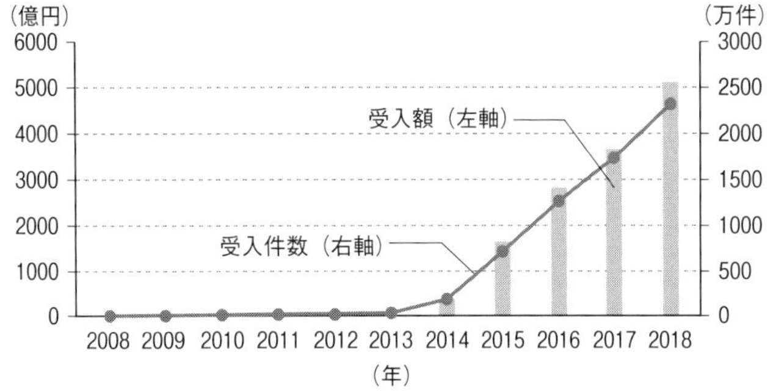

ふるさと納税

　政府間の競争は国内でも見られる。日本における典型例の1つは、「ふるさと納税」をめぐる自治体間の返礼品競争である。2008（平成20）年度に始まったふるさと納税を通じた寄付は、図2-3にあるようにその規模を急拡大してきた。

　この制度のもとでは、納税者は自分が「ふるさと」だと思えば、どの自治体であっても寄付をすることができ、寄付した場合は、寄付した金額とほぼ同額の税控除を受けることができる。大雑把に言えば、ある納税者が、どこかの自治体に寄付をすると、自分の住む自治体に本来支払わなければいけなかった税を、寄付相当額の分だけ払わなくて済むようになるということだ。

　ふるさと納税制度が始まると、自治体が寄付を集めるために知恵を絞るようになった。そして、「もしわが自治体に寄付をしてくれたら、お礼の品をお送りします」という競争が始まったのである。返礼品を送るという手段で寄付を集める自治体間の競争は、一方では、地域が知恵と工夫を出して競争している、地方物産の掘り起こしや、地場産業の活性化につながっている、寄付者も寄付を受入れる地域も得をしている、返礼品競争を通じて、主に都

市部から地方部へお金が流れて地域間格差が是正されるといった面から、それを擁護する見方もある。他方で、自治体側が、iPadやギフトカードなど地元物産と関連の薄い品を返礼品としたり、寄付者の目的が「返礼品」の獲得になっていたりするなど、本来の制度の趣旨を逸脱しているという指摘もある[7]。

　総務省は、過度な返礼品競争に歯止めをかけるために、2017年に返礼品の割合は寄付額の3割にとどめるよう自治体に要請し、2019年には法改正を行い、過度な返礼品を提供していると判断した4つの自治体を税控除の対象から外すことにした。これらの対応からは、総務省は現行の返礼品競争が「過剰」であるという認識を持っていると考えられる。そして、競争が過剰であるかもしれないということは、寄付をめぐる自治体間の競争を租税競争と同様に考察することで裏づけることができるのである。

　いま、2つの自治体が、住民により良い公共サービスを提供しようとするためにその財源となる寄付を集めるとしよう。ふるさと納税のもとで寄付することができる金額には上限があり、独身の人で年収が500万円の場合は6万円ほどである。いま、2つの自治体がこの6万円をめぐって返礼品の金額で競争する状況を考えよう。それぞれの自治体は寄付に対する返礼品の割合を10％にするか50％にするかを選択する。そして、両自治体が同じ返礼品割合であれば、獲得できる寄付額はそれぞれ等しくなり、一方の自治体の返礼品が他方に比べて高い場合、前者にすべての寄付が集まると考えてみよう。このとき、自治体が獲得する寄付額から返礼品を提供するために要する費用を引いた純収入が表2-3に示されている。

　再びナッシュ均衡を求めてみると、すべての自治体が返礼品割合50％を選択することがわかる。ところが、もし自治体が協力して、あるいは国が上限を設定して、返礼品割合を10％に設定した

表2-3　返礼品割合の引き上げ競争

	自治体2	
	10%	50%
自治体1 10%	両自治体に 3万円ずつ寄付 2.7万円　　　2.7万円	自治体2に 6万円寄付 0万円　　　3.0万円
自治体1 50%	自治体1に 6万円寄付 3.0万円　　　0万円	両自治体に 3万円ずつ寄付 1.5万円　　　1.5万円

場合、自治体はより多くの純収入を獲得できているはずだ。こう考えると、自治体の返礼品は「過剰」になっている可能性があることがわかるだろう。

　では、実際に自治体間の返礼品競争は過剰といえるのだろうか。それを知るためには、もう少し厳密な理論モデルとデータに基づく実証分析が必要になる。ミクロ経済理論を使って寄付者の行動と各自治体の政策決定をモデルによって描写し、そこから出てくる理論仮説を実際のデータを使って検証するという作業を経ながら、返礼品競争の評価を行う研究が進められている（たとえば、Fukasawa, Fukasawa and Ogawa 2020）。

6　おわりに

　経済学の世界では、一見すると、現実世界からは遊離していると思われる経済理論があるかもしれない。その一方で、現実世界にどっぷり浸かって、その声の大きさを競わんばかりに自分の思いを訴える人もいる。現実への問題意識のない抽象的な理論は極

端である一方、理論や実証的な根拠（エビデンス）などに基づかない主張もまた極端であろう。公共経済学は、現代経済理論、とりわけミクロ経済理論と、まさに現実に解決が迫られている諸問題をつなぐ橋渡し的な側面が強い学問といえる。

　本章では、市場の失敗を解決するための方法を模索する学問として、特にミクロ経済理論をベースにして公共経済学を位置づけてきたが、もちろん、年金や国債、公共投資をテーマにする場合にはマクロ経済理論をもとにした議論が必要となる。分配の公平性を実現するための税や保険制度のあり方を議論する場合には、財政学などとも密接な関わりを持ってくる。ということは、当たり前のことだが、ミクロ・マクロ経済理論の基礎をしっかり築いたうえで、他の分野と関連させながら研究を進めていくことで、より大きな成果が得られるのである。

次のステップに向けて

　本章は、公共経済学とはどのような学問なのかを簡易に紹介する意図を持って書かれているので、深い議論までたどり着いていないし、公共経済学がカバーする範囲をすべて紹介できているわけでもない。この分野に興味を持って次のステップに進んでみようと思う方のために、参考になりそうな文献を紹介しておこう。

　ミクロ経済理論やマクロ経済理論を学んでいる学生が並行して読める文献としては、以下の2冊がある。この他にも大学生向けの公共経済学の良書は数多くあるので、各自の好みに合わせて選べるだろう。

① 　小川光・西森晃（2015）『公共経済学』中央経済社
② 　林正義・小川光・別所俊一郎（2010）『公共経済学』有斐閣

公共経済学が扱う範囲や考え方を学んだ方には、③などの数理的な
アプローチを使ったより進んだ文献に挑戦してほしい。

③　須賀晃一編（2014）『公共経済学講義——理論から政策へ』有
　　斐閣

また洋書だが、世界の多くの大学で学部上級から大学院の授業で利
用されているものとして、以下がある。これらは、公共経済学を専門
的に学ぶための良い入口になってくれるだろう。ぜひ、1本の鉛筆を
片手に読み解いていってほしい。

④　Leach, J.（1999）*A Course in Public Economics*, Cambridge
　　University Press

⑤　Hindriks, J. and G. D. Myles（2013）*Intermediate Public
　　Economics*, 2nd ed., MIT Press

⑥　Tresch, R.（2014）*Public Finance: A Normative Theory*, 3rd
　　ed. Academic Press

注
1）この番組は YouTube で見ることもできる（「power of the market the pencil」で
　検索してみよう）。
2）一般社団法人全国清涼飲料連合会「全清飲2018活動レポート」（http://www.j-
　sda.or.jp/about-jsda/activitiesreport/2018.php）より。
3）たとえば、神取（2014）第3章3.2節を見てみよう。
4）現実に利用されているナッジの例を見るならば、経済協力開発機構（2018）や
　大竹（2019）が参考になるだろう。
5）「非排除性」（対価を支払わずに受益可能なこと）と「非競合性」（ある主体の消
　費が他の主体の消費を妨げないこと）という2つの性質を併せ持つ財のことを、
　公共財と呼ぶ。
6）たとえば、法人税率に関わる問題を解決するための実務的な提案としては、
　OECD（2015）がある。
7）旅行会社「エアトリ」が2019年4月に行った調査によれば、寄付者の8割以上
　が納税（寄付）先を「返礼品」で選ぶと回答しており、「ふるさと」あるいは「復

興支援」を理由にした回答はそれぞれ11％と３％程度に留まっている（https://www.atpress.ne.jp/news/183732　2019年７月７日閲覧）。

参考文献

大竹文雄（2019）『行動経済学の使い方』岩波新書。

神取道宏（2014）『ミクロ経済学の力』日本評論社。

経済協力開発機構（OECD）編著（2018）『世界の行動インサイト――公共ナッジが導く政策実践』齋藤長行監訳、明石書店。

Crivelli, E., R. de Mooij and M. Keen（2016）"Base Erosion, Profit Shifting and Developing Countries," *FinanzArchiv*, 72: 268-301.

Fukasawa, E., T. Fukasawa and H. Ogawa（2019）"Intergovernmental Competition for Donations: The Case of the Furusato Nozei Program in Japan," *Journal of Asian Economics*, forthcoming.

IMF（2019）"Corporate Taxation in the Global Economy," Policy Paper No. 19/007.

OECD（2015）*BEPS 2015 Final Reports: OECD/G20 Base Erosion and Profit Shifting Project Explanatory Statement*, OECD.

Overesch, M. and J. Rincke（2011）"What Drives Corporate Tax Rates Down? A Reassessment of Globalization, Tax Competition, and Dynamic Adjustment to Shocks," *Scandinavian Journal of Economics*, 113（3）: 579-602.

Parry, I. W.（2003）"How Large are the Welfare Costs of Tax Competition?" *Journal of Urban Economics*, 54（1）: 39-60.

03

〈 マクロ経済学 〉

国民所得とその分配

楡井　誠

テーマ

大きな視点で経済をとらえる

具体例

経済はどのように成長するのか、
不況や格差はなぜ起こるのか

1　はじめに

　経済理論は、大まかにミクロ経済学とマクロ経済学に分けられる。本章で取り上げるマクロ経済学とは、一言でいえば、国全体の経済をまとめて分析する学問である。「国全体の経済はどのように回っているのか」「不況になったり好況になったりするのはなぜか」「どのように経済成長が起こるのか」といった現象が問題となる。

　もう1つの重要な問いは、「経済をより良くするにはどうすべきか」「何をもって良くなったと判断すればよいのか」というものである。これらは経済的・物質的なことに限っても、決して簡単な話ではない。国全体の経済が大きくなれば良いというだけでなく、国民みんなにとって良くなっていくことが問題となるためだ。一部の人々だけが豊かになり、別の一部の人々は貧しくなっているような状況があったとしたら、それは問題だろう。これが、所得分配の問題だ。本章ではこの問題を、経済のパイ全体である国民所得が、国民の間でどのように分かちあわれているのかについての議論として扱う。

2　マクロ経済学とは

　マクロ経済学が対象とするファクトは、政府が作成する「GDP統計（国民経済計算）」である。一方でGDP統計も、体系立った理論が背景になければ整合的に作成することすらできない。そのため、マクロ経済学とGDP統計は不可分の関係にある。さらに、マクロ経済学の特徴は、政策科学への指向が強いことである。どのような政策を行えば経済を良くすることができるのか、

どのような政策には意味がないのか、などを学問的に考える。典型的には、財政政策や金融政策を一国単位で考え、実際に提言していく。こうした政策と関わるところが、マクロ経済学の主戦場なのである。

それでは、第1、2章で紹介したミクロ経済学との違いはどこにあるのだろうか。基本的に、ミクロ経済学は個々の経済主体を分析対象とする経済学である。個別の家計や企業の行動などを中心に考える。一方、マクロ経済学はある国の中で活動するすべての経済主体をまとめて分析対象とする。もちろん、全部を愚直にそのまま考えることはできないので、大胆に抽象化したうえで全体を捉えることになる。

また、経済主体間の相互作用を明らかにすることも、重要なテーマである。基本的に、経済学ではまず市場で相互作用が起こると考える。市場がどのように機能するか、消費者・労働者・企業・銀行といった経済主体の行動をふまえて分析を行う。ここでも、ミクロ経済学では1つひとつの市場を考える。たとえば、スマホ市場を分析対象とするといった具合だ。対してマクロ経済学では、すべての市場を対象とする。消費者の満足（厚生）に関わる財すべての市場を一括して考えるということだ。ただし、この場合ももちろん、一国の中には財が数多く存在するし、価格や取引量などもさまざまであるため、そのままの形で全部を考えることはできない。そのため、大胆な抽象化が必要になる。

そこで、一国経済を家計、企業、政府という3つのアクターと、財・サービス市場、労働市場、金融市場の3つに分けて考えてみよう（表3-1）。非常に大胆な抽象化に見える。しかし実は、このように簡単な設定でも全体を理解するのはかなり難しい。経済学部で4年間みっちり学んで、ようやくイメージをつかめるようになるくらいかもしれない。次節ではなるべく簡単に、3つの市

表3-1　3つの市場と3つのアクター

	家計	企業	政府	総量	価格
財・サービス市場	消費需要	投資需要 財供給	政府財購入 政府サービス供給	総生産	物価
労働市場	労働供給	労働需要	労働需要（公務）	総雇用	賃金
金融市場	資本の 貸し手	資本の 借り手	貨幣供給	資本ストック	金利

場ごとに、どのアクターが需要の主体、供給の主体となり、各々がどのように行動するかを解説する。

3　3つの市場と3つのアクター

財・サービス市場

　市場では需要と供給が出会い、需給が一致するように価格と量が決まる。これは3つの市場のどれであっても同じだ。財・サービス市場であれば、主な需要者は家計である。家計が、食べるものや住むところ、その他のものを購入して消費する。一方、財・サービスを供給するのは主に企業である。政府は、警察・防衛などの公共サービスを提供する側面では財・サービスの供給者であり、行政のために財・サービスを購入するときは需要者でもある。財・サービス市場で需給を一致させる価格は物価である。物価が決まり、総生産が決まる。つまり、価格と量が市場均衡で決定する。

　財・サービスを生産するのは企業である。生産のため企業は、労働や資本の他に、部品や材料などの中間生産物を投入する。し

かし中間生産物もまた同じように企業の生産物である。なので、企業の産出を単純に合計すると中間生産物の寄与を重複計算してしまう。これを避けるため、総産出から中間生産物を除いた「付加価値」の総計を国内総生産（GDP）と定義する。

　このように定義すると、付加価値の生産に寄与しているのは労働と資本である。これらを「本源的生産要素」と呼ぶ。生産要素もまた、生産要素市場で価格と量が決定する。これが、次に見る労働市場と金融市場である。

労働市場

　財・サービス市場では、主な需要者は家計であったが、労働市場で労働を需要するのは企業となる。一方、供給者は家計である。家計が労働力を提供し、企業が対価として賃金を家計に支払う。労働市場では企業が需要者、家計が供給者として出会い、労働の価格である賃金を介して需要と供給が一致するのである。

　たとえば2019年現在、労働市場は空前の売り手市場であるといわれている。つまり、労働需要が非常に高い状態にある。労働需要が高ければ、労働市場を均衡させる賃金も高くなる。その結果、現在の労働市場は労働者にとって条件がよくなっているといえる。

金融市場

　３つめは、金融市場である。金融市場は、資本の貸し手と借り手が出会う場所である。一国経済をまとめてみると、資本は、保険証券や預貯金を通じて、究極的にはすべて家計が所有していると考える。したがって、資本の供給者は家計であり、需要者は企業である。企業が金融市場で資本を借り入れ、生産活動に投入す

図 3-1　GDP 統計：財・サービスの総供給、総需要、所得分配

（出所）内閣府「2017年度国民経済計算」より作成。

る。ここで需要と供給を一致させるのは、金融市場における価格としての金利である。

　以上、マクロ経済学の最も基本的な枠組みは、3つの市場（財、労働、金融）で3つのアクター（家計、企業、政府）が相互作用し、価格と取引量が決まるというものである。これらのアクターの活動をまとめているのが、図3-1に示すGDP統計である。

　GDP統計は3つの側面から成り立っている。1つめは、国全体の「総生産」である。これは、1年間に国内で生産された財・サービスの供給量を示す。企業による生産物の売上は、生産要素市場を通じて経済の各アクターに分配される。どのように分配されたかを示すのが、GDPの2つめ、「所得」面である。たとえば図3-1において、雇用者所得とは労働者に支払われるお金の総額であり、営業余剰とは資本の貸し手に支払われるお金の総額である。その2つの合計に海外からの純所得を加えたものを「国民所得」と呼ぶ。

　こうして分配された所得を、経済の各アクターが財・サービス

の購入のために支出する。GDPの3つめ、「支出」面である。支出面は、各アクターの財・サービス需要を表している。家計による民間消費、企業による民間投資、政府による政府支出、残りが海外からの需要である純輸出だ。

　ところで、需要の構成比を見ると、民間消費が相当な割合を占めていることがわかる。経済は、家計が消費するために生産しているのだ。また民間消費は、不況でも大きくは減らず、逆に好況でも急上昇したりはしない。一方で、民間投資と純輸出は比較的大きな動きを見せる。マクロ経済学ではこれらの観察を手掛かりに、景気変動や経済成長の原因を探求していくことになる。

4　マクロ経済現象

マクロ経済の主役 = GDP

　マクロ経済の主役は、総生産、つまりGDPである。GDPは、一国の中で生産される付加価値の合計である。GDPはどのように決まり、どのように変動するのか。そして、どのようにみんなに分配されるのか。これが本章の主題である。

ストックとしての富、フローとしての所得

　所得やGDPはよく耳にする言葉でもあるので、「一国の経済力を表す指標なんです」と言われれば、何となくそんなものかなと深く考えずに受け入れてしまう。しかし、「GDPが大事」「所得こそが大事だ」と言い始めるようになったのは、実はそれほど古いことではない。

　最初にそう主張した一人は、『諸国民の富（国富論）』を著した

アダム・スミスである。この本が書かれた18世紀当時の西欧諸国は、もっぱら国家の「富」を最大化するために、経済運営を行っていた。目的は国民「所得」の最大化ではなかったのである。たとえば、フランス国王が宰相に経済を建て直せと命令した場合に、何が行われるだろうか。基本的には、その国王にどれだけの富が集まり、どれだけ借金が減ったかなどを気にしていたので、それらを改善することに主眼が置かれていた。当時のイギリスでも、その考えに基づく「重商主義」が主流であった。重商主義とは、国内から国外へ流出する富をなるべく減らし、国外から富をとってくる方針で国を運営しようという考え方である。

アダム・スミスは、そうした重商主義に対して、「国民の真の豊かさは、国庫にどれだけの富が蓄積されているかではなく、毎年その国にどれだけを生産する力があるかに表れる」という主張を展開した。それが所得である。

それでは、所得と資産はどう違うのだろうか。一見すると似ているが、内面的な性質は大きく異なっている。まず、資産は「ストック」である。ある時点でどれくらい持っているかを示す指標だ。資産は過去から年々積み重なって、現時点でどれくらい貯まっているかで評価される。一方、所得は「フロー」である。フローは、時点から時点の間、たとえば1年間にどれだけのものが生産されたかを示す指標だ。先にも述べたように、所得あるいはGDPとは、国内で1年間に生産された財・サービス付加価値の合計金額である。スミスが重視すべきと主張したのは、この毎年のフローなのである。各年でどの程度の生産力を保持しているか。ここに注目し、これを最大化することで、結果的に富の獲得にもつながると主張しているのである。この考え方は、いまでも経済学の礎になっている。

GDPは、毎年のように揺れ動き、次第に成長していく。短

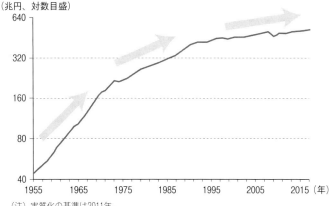

図 3−2　日本の実質 GDP の長期時系列

（兆円、対数目盛）

（注）実質化の基準は2011年。
（出所）内閣府「国民経済計算」68SNA と08SNA より作成。

期・中期（５年以内くらい）で GDP が上がったり下がったりすることを景気の波、あるいは「景気循環」という。もう少し長い（10年以上くらいの）スパンで経済が成長したり停滞したりする現象を「経済成長」という。

長期で見た経済成長

　それでは長いスパンで見た場合に、GDP は実際にどのように推移しているのだろうか。図 3−2 では、日本の GDP を1955年から時系列で示している。「もはや戦後ではない」と、かつての経済企画庁がまとめた『経済白書』が宣言した1955年から、日本は目覚ましい経済成長を遂げていく。まず、1970年代初頭までの高度成長期には、年率７％を超える成長率で大きく成長し、その後も1990年まで３～５％で伸び続けた。額でいうと、現在では国全体の GDP はだいたい500兆円、単純に1.2億人で割ると１人当

たり約400万円。たいへん豊かな国である。私たちが今、この国に生活しこれほどの豊かさを享受できるのは、ここまで経済を成長させた先人たちのおかげだといえる。半世紀以上にも及ぶ成長の軌跡の間、物価上昇を調節した実質で考えても GDP の水準は約10倍になっている。

　成長率の数字は小さく見えるが、長いスパンで見れば社会の姿を大きく変えることになる。日本経済は高度成長の間に所得は約4倍になった。控えめにいっても、10年間で2倍になったペースだ。実は、「70÷成長率」という簡単な式で、所得が2倍になる年数を大まかに計算することができる。成長率が7％であれば、70÷7＝10年で倍の水準になる。まるで、1960年に池田勇人内閣が推進した所得倍増計画のようだ。同じような大きな変化が、近年中国で起きている。現在では6.2％とやや減速したとはいえ、中国経済は10年で倍というペースで成長してきたのである。

　一方、現在の日本の経済成長率は1％弱だ。政府は、これを1.5％、2％にしようと目標を掲げている。一見すると、たった0.5％くらいの差で何をそんなに一生懸命議論しているのかと不思議に思うかもしれないが、成長率のインパクトを考えればもうおわかりだろう。毎年2％で成長していれば、子どもの世代（70÷2＝35年後）には経済規模は倍になる。これが1％に低下すると、倍になるのは孫世代まで待たなければならない。

　こうした現象が、経済成長における議論の対象である。なぜ高度成長が起こるのか、なぜ中先進国の成長率は減少していくのか、なぜ成長率が停滞する国が出てくるのか、そして、どうしたら停滞を打破できるのか。これらが、経済成長論で考える問題である。

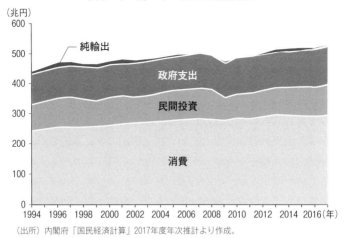

図3-3 財・サービスの需要項目

（兆円）

純輸出

政府支出

民間投資

消費

1994 1996 1998 2000 2002 2004 2006 2008 2010 2012 2014 2016（年）

（出所）内閣府「国民経済計算」2017年度年次推計より作成。

短期の景気変動

　一方、景気循環、景気変動を考える場合には、より短いタイムスパンでGDPの変動を見ることになる。図3-3では、1990年代から現在に至るまでの実質GDPの時系列を示している。この期間、日本経済のGDPは500兆円ぐらいでアップダウンをしながら推移しきた。アップしているところが好況、ダウンしているところが不況である。2008年から09年にかけての落ち込みは世界金融危機だ。その後は徐々に回復基調にあるが、読者の皆さんはこのグラフを見てどう感じるだろうか。筆者は、これを見ると「好況・不況はそれほどたいした問題ではないんじゃないか」という印象を受ける。景気の変動はせいぜい年に1、2％程度の増減であり、依然として日本は豊かな国であり続けているという事実に変わりはないためである。

　それでも好況・不況は大きなニュースになるし、政府も学者も

真剣に議論している。これは一体なぜだろう。不況にはどんな問題があるのだろうか。よく考えてみると、不況で所得が減少したとき、その痛みは全体で万遍なく引き受けるのではなく、一部の人々が集中的に被っている。世界金融危機がその例だ。世界中の国々に深刻な影響を及ぼし、日本でも2008年秋から09年にかけて多くの失業者が出た。しわ寄せは、主に、製造業の有期雇用者や派遣労働者に及んだ（玄田 2010）。そうした人々が、日比谷公園の年越し派遣村に集まったという出来事が大きく報道された。市場経済では、職を失うことが家計にとっての深刻なリスクなのである。

　それでは失業問題に政府はどのように対応できるだろうか。もしも政府が失業者を直接雇用することができるなら、失業問題は直ちに解消する。しかし、これは実質的に納税者から失業者への再分配政策になるので、政治的に合意するのが容易ではない。また、そのような対応に終始していたら、経済の活力は次第に失われていくだろう。なぜなら、労働者を仕事に適材適所マッチさせる能力は、政府よりも労働市場の方に軍配が上がるからだ。政府が労働市場に直接介入するよりも、市場の機能を生かしながら、国全体の景気を上向けることで失業を改善できるのであれば、その方が望ましいだろう。そこで、景気安定化のためのマクロ経済政策が重要となるのである。

5　幸福の源泉

　経済学といえばお金儲け、とにかく金銭的に豊かになればいいと思っているような印象を持たれがちだ。しかし実際のところ、経済学者は、決してお金がすべてだと思ってはいないし、GDP

がすべてだとも考えていない。人間の幸福にとっては文化・社会のあり方が経済的豊かさ以上に重要だ。しかし、経済的豊かさが人生の大きな制約条件になることもまた事実である。物質的豊かさよりも大事なものがあるということはもちろん承知しているけれども、経済的・物質的な側面に問題があるとしたらどうすればよいか、といったことを経済学は考察の対象としている。

　それでは、家計の経済問題とは何だろうか。思いきり単純化して考えると、家計は予算制約のもとで自身の効用を最大化するということになる。ただし、効用というのは1人ひとり異なっているので、中身は問わない。人はどんな効用を持つべきか、というようなことは、経済学では議論しない。たとえば、あなたがまったく働きたくない、できれば遊んで暮らしたいという効用の持ち主でもOKだし、お金にしか興味がないという効用を持っていてもOKだ。各人の効用に基づき、各人の幸福を最大限実現できる社会にしようということを考えるのが、経済学なのである。

　ここで、家計が気にする幸福の要素をさらにぐっと単純化して、消費と余暇の2つにまとめる。まず、なぜ消費が重要かを考えてみよう。人間は、食事をとらないと生きていけないし、住む場所も必要で、服も着なければならない。さらに文化的な生活をしようと思ったら、交通費、医療費、教育費などにもお金がかかる。分業の発達した市場経済では、労働をしていくばくかの所得を得なければ、ごく普通の生計を立てることすらできない。

　しかし、それだけでは楽しみがない。楽しむための活動は、余暇の時間に行う。たとえば、自分の1日24時間のうち、8時間は労働する、または1週間のうち5日間は労働するけれど、残りは余暇時間に充てる。人生で最も大切なこと、あなたの哲学やあなたの音楽、恋愛といったものは、すべてここでいう余暇に享受する。各人が余暇を使って何をするにしても、そのための時間は長

いほどハッピーだろう。したがって、余暇も消費もなるべく大きくしたいというのが、家計の基本的な経済問題、物質的な問題だと考えることができるのである。

　ここで難しいのは、消費と余暇の間には、あちらを立てればこちらが立たずのトレードオフの関係があることである。なぜかというと、各家計が予算制約に直面しているからだ。大資産家に生まれるのでない限り、自分の労働時間を提供しなければ衣食住にすぐ困ってしまう。典型的な家計にとっては、労働時間を売って得た対価、すなわち労働所得で消費をしなければならない。しかしながら、人生の時間は有限である。ここにトレードオフが存在する。つまり、消費を増やしたければ余暇は減らして働かないといけないし、余暇を増やせば所得が減るので消費を減らさざるをえないということだ。消費と余暇はトレードオフ。これが家計の基本的な経済問題である。

　このように考えると、家計の幸福、厚生を決定づけるカギは、賃金を物価で割ったもの、すなわち「実質賃金」だと気づく。実質賃金とは、自分の労働1時間と引き換えに、どの程度の消費財が得られるかを示すものである。つまり、「消費と余暇の交換比率」だ。この交換比率が高いほど、家計の効用は増える。なぜなら、実質賃金が高くなれば、余暇を一定にしたままでも実質的には所得が増えたのと同じことになるので、より多くの消費をすることができるためである。

　しかし、勤労だけが生き方ではない。あなたはできれば働きたくないと考えているかもしれない。それでも、そういう人たちの効用も増えている。というのも、そういう人たちも実質賃金が上がれば、消費は今のままで余暇を増やすことができるからだ。たとえば実質賃金が2割上がれば、週休2日だったのを3日に増やしても、消費を減らさずに済むのである。

すべての家計にとっての究極的な制約は、時間である。私たちの持っている時間は有限であり、そこからいくらかを売って消費に換えている。その交換比率が高まるのは、すべての家計にとって望ましいことだろう。

マクロ経済学では、経済成長を概して良いものだと考えるが、それは経済成長が実質賃金の上昇を伴うからである。本章では詳述できないが、究極的には、経済成長は生産技術の付加価値生産性の向上によって実現する。生産性向上によって実質賃金が上昇し、それによって勤労家計も、働きたくない家計も、ともに物質的な制約から少しだけ解放されるのである。

6　マクロ経済政策

厚生経済学の基本定理

第2章において、ある財の市場で成立する競争均衡価格は、その財の生産者と消費者がウィン・ウィンとなる「パレート改善的取引」を尽くした最も効率的な資源配分をもたらすことを示した。同じことがマクロでも成り立つことを示すのが、一般均衡理論における「厚生経済学の基本定理」である。一般均衡の「一般」とは、その経済にあるすべての財を考慮に入れる、といった程度の意味である。厚生経済学の基本定理は、「競争的な完備市場で成立する均衡価格体系はパレート最適な資源配分を実現する」と主張する。ここで「競争的」とは、価格支配力を持つ供給者・需要者がいないことを指し、「完備市場」とはすべての財について市場が存在していることを意味する。

厚生経済学の基本定理は、いってみれば自由市場主義者の理想郷だ。実際の経済では、不完全競争市場は多いし、すべての財に

ついて市場が存在するわけでもない。したがって、市場に放任していたのではその経済の潜在的な力を最大限活かすことはできない。このような「市場の失敗」問題に対して、失敗している個別の市場制度の改善を企図するのがミクロ的政策である。一方、マクロ的政策は、制度は当面そのままに、経済における大きなアクターである政府の経済活動を調節することによって改善する方法を考える。

不完備市場

　「完備市場」は強い仮定である。現実の家計は、時間を通じて不確実な経済を生きている。そのような不確実な経済では、たとえば、今日手元にある傘と、明日雨が降った場合の傘、降らなかった場合の傘は、それぞれ役立ち度合いが異なってくる。一般均衡理論ではこれらすべてを異なった「財」と考え、それぞれに市場が成立していて初めて完備市場の条件を満たしているという。しかし、現実には傘の先物市場はないから明日の傘を予約しておくことは難しいし、まして明日の天気に紐づけられた傘など売っていない。このような、同一時点・同一状態で完結しない取引を可能にするのは、金融取引である。具体的には、明日の傘を買うために、明日が満期となる債券を買っておくことはできるし、雨の日にお金を支給してくれる保険契約を買うことも考えられるということである。しかし大抵の場合、このような金融市場は欠落している。金融は不完備性のかたまりであって、その不便を少しでも解消していくためにミクロの金融政策が構想される。

　しかしよく考えてみれば、普通の取引だって金融取引である。なぜなら、物々交換でない市場では、取引はもっぱら貨幣を通じて行われるのだから。私たちが日々暮らす中で無意識にやりとり

している貨幣とは、「将来時点での購買」を保証してくれる金融商品にほかならない。そして、この貨幣を政府（中央銀行）が発行しているところに、マクロ金融政策の可能性が生じてくるのである。

金融政策

　ここでマクロ金融政策の寓話を紹介しよう（Sweeney and Sweeney 1977；Krugman 1999）。アメリカのワシントン D.C.の一街区キャピトル・ヒルは、日本でいえば霞が関の隣みたいな区域で、若い官僚がたくさん住んで子育てをしている。彼・彼女たちは非常に忙しく、ベビーシッターを必要としていた。そこで、住民たちの間でベビーシッター協同組合を作ろうという話になった。A さんの家が暇なときは B さんの家の子どもの面倒を見て、逆に A さんが忙しいときには B さんが A さんの子どもの面倒を見るといった協同組合である。さらに、この仕組みをうまく回すために、ベビーシッター券を作ろうという話になった。まずはみんなに20時間分ずつベビーシッター券を配布し、好きなときに券を使って誰かに頼むことができるようにする。ベビーシッターをお願いするのと交換に、配布された券を支払うという仕組みだ。

　ところがこの仕組み、うまくいきそうに見えるのだが、実際には機能しなかった。結局、誰もこの仕組みを使わなかったのである。そのため、各家庭が相変わらず忙しく時間のやり繰りをしている。なぜこうなってしまったのかを調べたところ、ある母親は「使いたいのだけど、いま使ってしまうと手元に券がなくなってしまう。近い将来、どうしてもベビーシッターが必要になるときがくるかもしれない。そのために、券は常に手元に置いておきたいんです。でも、他の家の子どもの面倒はいつでも見ますよ。券

がもらえるのだから」と話したという。つまり、券がもったいないので自分の子どものベビーシッターはお願いしたくない。みんながベビーシッターをやりたいと思っているのに、結局は誰も券を使わない、という状況に陥っていたことが判明したのである。このような状況は、どうすれば解決できるだろうか。

　キャピトル・ヒルは官僚の街だ。官僚には、経済出身の人もいれば、法律出身の人もいる。日本と同じくアメリカも、官僚には法律出身の人が多い。そして、法律出身の人と経済出身の人は考え方が異なるのも同様だ。法律出身の人は、たとえば何か問題が発生すると、それに対応するためにルールを決めようと考える。そこで、ある人は「半年に１回はベビーシッターを使わなければいけないルールにしよう」と提案した。しかし経済出身の人は、それではうまくいかないだろうと考える。ルールで強制的に使わせるのも効果はあるかもしれないが、人によって使えない月や、逆にもっと使いたい月があるかもしれない。将来のためにとっておきたいという気持ちももっともなので、それをふまえてもっとよい方法はないだろうか。そこで出た提案は、もっとたくさんのベビーシッター券を配るというものだった。これまでは、最初に20時間ずつしか配られなかったから、それを使ってしまうのが不安だった。それならば、とりあえずもう10時間分、印刷して配ってしまえばいい。そうすれば、１日分を使ってもまだ手元に残るので、将来の備えとしては十分だ。そして、この方法を実施したらみんながベビーシッターを使うようになった、というお話である。

合成の誤謬

　ここでベビーシッター券を「貨幣」、ベビーシッターを「財・サービス」と読みかえれば、金融政策の寓話になっていることに気づくだろう。みんなが将来に不安を感じて貯蓄を増やそうとしている。行きつけのお店で、いつもよりも安い定食ばかりを注文するようになる。そうすると、家計は節約できても、お店の収入が減ってしまい、料理人やスタッフの所得が減少してしまう。所得が減ってしまった家計は、消費を減らさざるをえない。この消費減少が連鎖すれば、結局は経済全体で所得が減って、貯蓄を増やすことができなくなる。

　論理学において、部分の性質から全体の性質を類推することを、論証における「合成の誤謬」という。たとえば、「すべての人間は死ぬ」からといって、「人類は滅亡する」とはいえない。新しい人間が順繰りに生まれてくれば人類は生きながらえうるからである。ベビーシッター協同組合でも、みんなが将来に備えて券を貯めようとすると結局誰も最初に配られた以上の券を得ることができない、というパラドックスが発生するのは、合成の誤謬が原因になっている。つまり、「節約すれば、貯蓄が増える」は個々の家計では真ではあるが、「みんなが節約すれば、みんなの貯蓄が増える」という命題を真とはしないのである。

　みんなの貯蓄を増やすために協同組合が行ったのは、券をもっと配ることだった。同じように、節約のパラドックスに陥った経済を回復させるため、中央銀行は貨幣発行を増やすことができる。それが金融緩和政策だ。ただし、現実の金融政策ははるかに複雑であることには注意しなければならない。実際、キャピトル・ヒルのベビーシッター協同組合ですら、現実の動きはもっと複雑だ。ベビーシッター券の増刷によって「不況」を克服した協同組合は、その後、今度は誰もベビーシッターをしたがらなくなるという

「インフレ問題」に直面することになるのである。

財政政策

　節約のパラドックスは政府債務問題にも応用できる。日本の国債残高は現在、GDP の 2 倍（約1000兆円）以上という規模である。第二次世界大戦直後のイギリスでそれくらい負債が増えた例を除けば、世界的にも史上かつてないほどの債務規模であり、日本は大丈夫なのかと懸念されている。政府債務増大には歯止めをかけなければならない。そのためには、政府支出を抑え収入を増やす必要がある。しかし、政府が貯蓄を増やすことは、国民の所得を減らす可能性がある。所得が減れば消費が減り、ひいては税収減につながり、めぐりめぐって政府の貯蓄を減らしてしまいかねない。

　このようなことが起こるのは、経済全体で見ると、誰かの消費は他の誰かにとっての所得になっているからだ。ある家計の消費（財市場における家計の需要）は労働市場（たとえば料理人への労働需要）を通じて間接的に他の家計とつながっている。このように、ある市場（この場合は財市場）での部分均衡分析が、他の市場（労働市場）への副次的効果を通じて影響を受けることを、「一般均衡効果」という。

　政府債務を減らすにはどこかで政府貯蓄（歳入－歳出）を増やすしかないのは自明の理である。しかし、一般均衡効果があるために、どのタイミングでどのように実行するかによって政策の効果は変わってくる。そのために、財政政策はマクロ経済学上の問題となるのである。

7　所得分配

所得分配とは

　ここまで、一国単位の国民所得を増やしていくために、経済政策はどのようなことができるのかということを説明してきた。本節では、そうして生産された一国内の付加価値をどのようにして各家計に配るのかという、所得分配に着目する。

　経済学では、誰にどの財をどれだけ割り当てるかという、「資源配分」の問題と、誰がどれだけ所得を得ているかという「分配」の問題を切り分けて考える。厚生経済学の基本定理に見られるように、経済学が威力を発揮するのは資源配分の効率性の問題であり、望ましい分配は何かという問題には立ち入らないことが多い。しかしながら、市場経済がどのような分配をもたらすのかについては、経済学なしでは分析できない。

　よくいわれるように、所得分配には非常に大きな偏りがある。貧しい人もいれば、お金持ちもいる。アメリカの場合、典型的な労働者の年収とその労働者が勤めている会社の社長（CEO）の所得を比べると、200倍以上もの格差がある。この差はどのようにして生じるのだろうか。

　生産物を売り上げて得られた国民所得は、本源的生産要素である労働と資本に分配される。労働と資本の大きな違いは、労働が年々の労働時間というフロー量であるのに対し、資本は年々の投資を蓄積して築かれるストック量であることだ。労働の価格である賃金が揺れ動いても、労働時間には上限がある以上、労働所得の振れ幅には上限がある。一方で、資本の対価である金利が揺れ動くと、資本所得は大きな違いを生み出すことになる。資本蓄積に上限はないからだ。

　このことから、蓄積可能な生産要素である資本に対する所得は、

労働所得とは異なって大きな格差を生み出しうることがわかる。リスキーな事業に乗り出した企業家を考えてみよう。企業家は年々ランダムな資本リターンを得て、受け取った資本所得を再投資している。この企業家が蓄積した資本は、指数関数的に成長しうる。第4節の経済成長の項で見たように、指数関数的成長では、成長率のちょっとした違いが結果的に何倍もの違いを生み出す。実際に、所得トップ1%層の所得分布は、その他99%とは異質な、裾密度の重い形状に従うことが知られている（発見者にちなんで「パレート分布」と呼ばれる）。企業家の倍々ゲームによって、このように大きな所得格差を説明することができる。

　注意したいのは、富裕層の富の源泉は昔と今では大きく変わっているということである。19世紀より昔の時代は、広大な土地を持つ地主や貴族がいて地代で暮らしていた。しかし、20世紀を通じて、こういった人々はいなくなってしまった。現在台頭している新しい大金持ちは、地代で生活する貴族のような人たちではなく、ものすごく働いている。アップルを創業した故スティーブ・ジョブズ、アマゾンのジェフ・ベゾス、ソフトバンクの孫正義など、いずれにしてもものすごく働いている。現代の新興富裕層の特徴は、ワーキングリッチだということである。彼らワーキングリッチが示しているのは、現代の重要な生産要素は単なる物的資本ではなく、働く企業家自身に蓄積された経験や人脈などの「人的資本」に変わりつつある、ということかもしれない。

男女間の不平等

　最後に、別の角度から所得格差の問題を議論したい。日本における格差の問題で特に顕著なのは、男女間の格差だろう。典型的には、男性労働者と女性労働者の平均給与水準のギャップである。

図3-4　管理的職業従事者に占める女性の割合

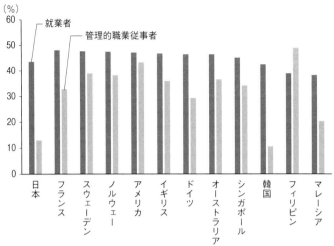

(注)　日本は総務省統計局「労働力調査（基本集計）」平成29年。「労働力調査」では
　　「管理的職業従事者」とは、就業者のうち会社役員、企業の課長相当職以上、管理的
　　公務員等。また、定義は国によって異なる点に注意。
(出所)　内閣府『男女共同参画白書　平成29年版』より作成。

女性労働者は、男性労働者の7割5分の給与しかもらっていない。
日本の女性労働者の給与はかねてより低いと指摘されており、政
府は1985年に男女雇用機会均等法を定めて以降、さまざまな対策
を講じてきた。徐々に改善はしており、賃金ギャップは4割くら
いあったものが、30年以上経って2割5分まで減っている。実質
賃金は、市場経済で個人が生きていくうえでの経済的・物質的制
約を規定する条件である。その条件にいわれもない理由で差がつ
けられているのであれば、由々しき問題だ。

　平均給与の男女間ギャップを詳しく見ると、その差は比較的高
賃金の仕事に就く女性の比率が小さいことから生じていることが
わかる。図3-4に示されているのが、「ガラスの天井」と呼ばれ

るものである。女性の就業率は、日本も他の経済協力開発機構
（OECD）に加盟する主要先進諸国もおおむね4割前半くらいで
あって、日本の女性就業率が低いというわけではない。一方で、
管理的な職業に占める女性の比率を見てみると、まったく異なっ
た傾向が見られる。管理的な職業とは、企業の役員や課長以上と
いった職種を指すが、その割合を見ると日本は13%にとどまって
おり、日本と韓国は他の先進国と比べても突出して低くなってい
る。

　このような人材配置を経済学的に評価すれば、「人的資本の非
効率的配分」ということになるだろう。教育と才覚にめぐまれた
人材の半数が性別を理由に職場で活用されていない。この非効率
的配分は、日本経済の潜在的生産性を毀損している。海外では当
たり前となった女性の社会参画に日本社会も取り組むことができ
れば、経済成長率を引き上げる力となるだろう。

8　おわりに

　本章では、国民所得の決まり方と、それがどのように分配され
ているかを取り上げ、マクロ経済学の考え方を紹介した。その中
で、所得というより実質賃金こそが家計の幸福のカギであると述
べた。消費だけが幸せの根源ではないからだ。

　しかし、経済成長による所得の増大には、分配問題を緩和する
効果もあるという点に触れて、この章の結びとしたい。いままで
見たように、市場は効率的な資源配分を達成する優れた制度であ
る。なぜなら、非効率的配分で残されている「ウィン・ウィン」
な取引機会は、市場で個人が自分の得になるよう動くことによっ
て解消されていくからだ。しかし、市場は分配問題の解決には不

向きである。なぜなら、分配問題はしばしばウィン・ウィンな解決策のない、「ゼロサム・ゲーム」だからだ。だがもしも、改革に経済成長が伴うならば、ゼロサム・ゲームをウィン・ウィン解のあるゲームへと転換させることが可能になる。全体のパイを増やすことによって、個人間の分配問題も解決しやすくなるのである。

次のステップに向けて

　本章を読んでマクロ経済学に関心を持ってくれた読者の皆さんには、とっつきやすい入門書として、①を挙げたい。同書にはミクロ編もあるので、あわせて参照するのもよいだろう。

① ティモシー・テイラー（2013）『スタンフォード大学で一番人気の経済学入門　マクロ編』池上彰監訳、かんき出版

　マクロ経済学を体系的に学び、財政政策や金融政策の考え方を知るには、中級から上級へと教科書をたどるのが早道だ。良書はたくさんあるが、たとえば②で学んだ後に、最先端の内容に触れるために③を読むのはどうだろう。

② 宮尾龍蔵（2017）『マクロ経済学（第2版）』新世社

③ 北尾早霧・砂川武貴・山田知明（2018-20）「定量的マクロ経済学と数値計算」『経済セミナー』2018年12・1月号〜2020年2・3月号まで連載、日本評論社

　マクロ経済を鮮烈に実感できるのは各国の経済成長を見ることだが、新しい古典として④をお薦めしたい。

④ ダロン・アセモグル＝ジェイムズ・A・ロビンソン（2013）『国家はなぜ衰退するのか（上・下）』鬼澤忍訳、早川書房

また、本章では家計の幸福や望ましい政策に触れたが、これらの点について経済学の正統的な見解を雄弁に論じているのが⑤である。

⑤ **ジャン・ティロール（2018）『良き社会のための経済学』村井章子訳、日本経済新聞出版社**

最後に、本章では触れられなかったが、ミクロ主体が相互作用して生み出すマクロ現象には、物性科学・生物学・ファイナンスなど分野の枠を超えて共通した数理がある。興味ある読者には⑥が良い導入となるだろう。

⑥ **マーク・ブキャナン（2009）『歴史は「べき乗則」で動く』水谷淳訳、ハヤカワ文庫**

参考文献

玄田有史（2010）「2009年の失業――過去の不況と比べた特徴」『日本労働研究雑誌』598：4-17。

Krugman, P. R.（1999）*The Return of Depression Econoimcs*, W. W. Norton.

Sweeney, J. and R. J. Sweeney（1977）"Monetary Theory and the Great Capitol Hill Baby Sitting Co-op Crisis: Comment," *Journal of Money, Credit and Banking*, 9 (1), Part 1: 86-89.

データ分析で社会を変える

〈実証ミクロ経済学〉

山口慎太郎

テーマ

データを通じて教育や保育政策の
効果を明らかにする

具体例

学歴と賃金の関係、教育の金銭的リターン、
保育政策の効果

1　はじめに：経済学が社会の因果を解き明かす

　読者の皆さんは「因果関係」という言葉を聞いたことがあるだ
ろうか。ざっくりいうと、ある何かが「原因」となって何らかの
「結果」をもたらす関係のことだ。最近では、『「原因と結果」の
経済学』（中室・津川 2017）という本がベストセラーになったり
しているので、皆さんも耳にする機会は少なくないだろう。

　社会・経済におけるさまざまな出来事や政府の公共政策にまつ
わる因果関係について考えることは、経済学の最重要課題の1つ
だ。筆者は、労働経済学や家族の経済学という分野で、政策など
の効果を経済学の理論に基づき、現実のデータを用いて分析する
研究を専門としている。こうした分析アプローチを「実証ミクロ
経済学」というが、その鍵になるのが、「因果関係を明らかにす
るためのデータ分析」である。

　たとえば、「保育園の整備を進めると母親の就業は増えるのか」
「偏差値の高い大学を出れば高収入の仕事に就けるのか」という
問いに対して、データを用いて丹念に分析して答えていくのが、
本章で紹介する実証ミクロ経済学である。

2　経済学はビジネスで使われている

巨大 IT 企業の猛威

　とはいえ、いきなり経済学の話を始めるとイメージしにくいか
もしれないので、まずはビジネスの世界でデータ分析や因果関係
がいかに注目されているかという話をしよう。あらゆる面で急速
にデジタル化が進む現在、ビジネスではデータの重要性が飛躍的
に高まっており、「データは21世紀の石油」といわれるほど利益

の源泉として注目されている。

　中でも特に顕著なのが IT 業界だ。まず思い浮かぶのは、GAFA と呼ばれるグーグル、アマゾン、フェイスブック、アップルや、マイクロソフトではないだろうか。いずれもおなじみの企業だが、2019年3月時点の世界の時価総額の上位6位までにこの5社が入っており、上位は時価総額9000億ドル前後、1ドル110円で約100兆円というとんでもない規模である（Glo Tech Trends 2019）。

IT 企業の利益の源泉

　では、彼らの利益の源泉は何なのだろうか。それは、彼らが収集・蓄積しているユーザー個人ごとの利用履歴のデータだ。たとえば、GAFA の各社はいずれも「プラットフォーム企業」と呼ばれ、さまざまな商品やサービス、情報の提供を支える基盤としての役割を担っている。私たちユーザーは、彼らの提供する検索エンジンやアプリを利用し、販売サイトに訪れ、自分のニーズを満たす。さらに、Gmail などグーグルの提供するサービスの多くは無料で利用できるし、フェイスブックも基本的には無料で使える。アマゾンやアップルの運営するストアではさまざまな買い物ができるが、そこで提供される評判の情報や便利なサービスも、無料か非常に安い料金で利用できる。

　なぜこんなことが可能なのだろうか。一見すると不思議に思える気もするが、答えは簡単だ。彼らが利益を上げるのは私たちユーザーからではなく、彼らのサービスに広告を出したい、出品したいという企業からなのだ。多くの企業を惹きつけるには多数のユーザーを獲得する必要がある。そのために、GAFA は次々と私たちに便利で魅力的な新しいサービスを提供し続けてくれると

いうわけだ。

　彼らは、ユーザーごとの「何を購入したか」「何に興味を持っているか」などが記録された詳細かつ膨大な情報、いわゆる「ビッグデータ」を持っている。このデータを分析することで、「誰が、いつ、何を」欲しがるかを予測し、効果的な広告、サービス、商品の開発が可能となる。彼らの利益の源泉がデータだというのは、こうした背景があるためだ。

　もちろん、ビッグデータは持っているだけでは意味がなく、分析しなければならない。彼らの強みは、保有するデータ量のみならず、分析し、活用する能力にこそある。実は、それを支えているのがGAFAで働く経済学者たちなのである。

なぜ経済学者が活躍できるのか？

　GAFAやマイクロソフト、さらにはウーバー、ネットフリックス、エアビーアンドビーなどの新旧IT企業では、多くの経済学者が活躍している。たとえばアマゾンでは、2019年時点で150人以上の経済学博士号を持つ専門家が働いている。これは大学や研究機関等を含めても最大規模の人数だ。また同社のチーフエコノミストはパトリック・バハリで、第8章で紹介される産業組織論という分野のトップ研究者だ。アマゾンジャパンには、渡辺安虎氏がシニアエコノミスト、および経済学部門長として勤務していた。彼も複数の海外の大学で教鞭をとり、現在は東京大学に所属する実証ミクロ経済学の研究者である。アマゾンが抱える経済学者たちは、より望ましいレビュー・システムの設計や価格戦略の検討、商品需要の推定などを行っている。もちろん、グーグルなど他のIT企業でも多くの経済学者たちが雇われ、活躍している。

それではなぜ、経済学者がIT企業に重宝されるのだろうか。自身もマイクロソフトで活躍したスタンフォード大学のスーザン・エイシーらは、その理由として次の2点を強調している（エイシー＝ルカ 2019）。1つは、現実のデータから因果関係を見出す技術を持っていること。もう1つは、市場とインセンティブを設計できることである。

　1つめに関しては、冒頭でも述べた通り、これまで経済学者たちはデータから因果関係を見出す手法を開発してきた。実験室などの統制された環境にない現実のデータから、仮説に基づいて因果関係の効果だけを取り出して特定するのは、おそらく皆さんの想像以上に難しい作業である。しかし因果関係が見出せなければ、どんな広告を打てば顧客をつかめるのか、いつどの程度何を値下げすると売上や利益はどの程度増えるのか、などといった重要なビジネス課題に答えることはできない。経済学者はそのためのツールを持っているのである。

　2つめの、市場とインセンティブの設計という視点も重要だ。第1、2章でも述べた通り、経済学は人間の行動、さらに多くの人間が交差する社会や市場を分析する学問であり、その鍵となるのがインセンティブである。IT企業では、特にゲーム理論の研究者たちがオークションやプラットフォームの設計で活躍しており、より多くの企業やユーザーを集め、収益を上げられる仕組みを提案・実装してきた。第1章で説明した東京大学の進学選択制度の設計も、こうした経済学の実践例だ。

　IT企業の場合、膨大なデータが集まることに加えて、実験的な環境を作ることもできるため、他の業界に先駆けて経済学者が活躍しているのが現状だ。しかし、他の業界でも因果関係やインセンティブ設計が重要なことはいうまでもない。

政策のキモはデータと因果関係

　ビジネスの世界だけでなく、政府が実施する政策においてもデータ分析に基づく科学的根拠が重視されるようになっており、この動きは「実証結果（エビデンス）に基づく政策形成」（Evidence Based Policy Making：EBPM）と呼ばれている。イギリスのブレア政権（1997〜2007年）が本格的に始めたのが端緒となって各国へ広がり、最近ようやく日本でも機運が高まっている。

　アメリカのオバマ前大統領（2009〜2017年）は、政策におけるデータ分析を重視した１人であり、2009年の就任演説で、「今われわれが問題としているのは大きい政府か小さい政府かではなく、うまく機能するのかということだ。たとえば、家族が適切な賃金の仕事をみつけられるか、十分な介護を受けられるか、尊厳のある退職ができるか、について答えがイエスであれば、その政策を前進させるべきだが、答えがノーならば、その政策はやめるべきだ」と語っている（Obama 2009）。つまり、政策が目的に沿った効果を発揮していることが何より重要であり、それを見出すには実証分析に基づく「科学的根拠」が必要なのである。

3　因果関係はどうすればわかるのか？

　ここまでの話で因果関係を見出すためのデータ分析の重要性を感じてもらえたと思う。それでは実際に、経済学では因果関係をどう捉え、特定するのだろうか。まず本節では、因果関係の捉え方について紹介し、第４節でその手法を解説する（なお以下の構成は、中室・津川〔2017〕を参考とした）。

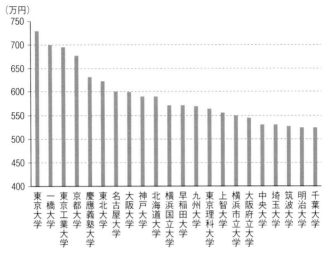

図 4-1　出身大学別平均年収

（万円）

（出所）「doda キャリアコンパス：国内・海外全160校出身大学別年収ランキング」
（https://doda.jp/careercompass/）より作成。

その関係は「因果」か？

　みなさんの中には、なんとなく「偏差値の高い大学を出ると年収の高い職に就ける」と思っている人が多いのではないだろうか。図4-1は、出身大学別にホワイトカラー系職種の男女（21〜59歳）の平均年収を並べたグラフである。これを見ると、東大などの国立大学や有名私大が並んでいる。ではこの図を証拠として、「偏差値の高い大学に行ければ年収が上がる」と結論づけてよいのだろうか。

　2つめの例は、保育園の整備と母親の就業率の関係だ。「待機児童問題」はメディア等でも頻繁に取り上げられているし、最近は政策的にも「女性活躍推進」が叫ばれ、各自治体が保育園整備に取り組んでいる日本の重要課題である。図4-2は、横軸に保

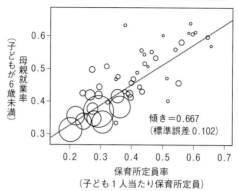

図 4 - 2 保育園の充実度合いと母親の就業

母親就業率（子どもが 6 歳未満）

傾き＝0.667
（標準誤差 0.102）

保育所定員率
（子ども 1 人当たり保育所定員）

（出所）朝井・神林・山口（2016）、図 2 より作成（データは2010年の「国勢調査」）。

育園の整備状況（子ども 1 人当たりの保育所定員）、縦軸に 6 歳未満の子どもを持つ母親の就業率をとり、都道府県ごとにプロットしたグラフである。○の半径の大きさは各都道府県の人口規模を示している。グラフにはきれいな右上がりの関係が描かれており、「保育園を充実させれば母親の就業は増える」ように見える。はたして、そう結論づけてよいのだろうか。

　結論からいうと、この 2 つの例ではいずれも、目に見える関係を「因果関係」と呼ぶことはできない。どちらもいかにもありえそうな関係を示してはいるが、因果関係の有無はそう簡単に結論づけられるシロモノではないのだ。

相関と因果

　なぜ上記の関係を因果関係だと結論づけてはいけないのか。その謎を解く鍵は、「相関」と「因果」という 2 つの関係性を区別

できるかどうかにある。まずは両者の意味を定義しておこう。

「相関関係」とは、2つの事柄に「見かけ上の関係」があることだ。先の2つのグラフは、まさにこれがピッタリ当てはまる。次に「因果関係」とは、ある一方が「原因」となって、他方を「結果」として引き起こしていることを意味する。「偏差値の高い大学へ行ったから、収入が増えた」「保育園を増やしたから、母親就業が増えた」という主張は、因果関係に関するものである。意思決定上、特に重要なのは因果関係だ。偏差値の高い大学に行くためにどの程度投資をするかを考える際に、将来の収入への影響は考慮すべき1つの要素になるかもしれない。また、保育園を増やすと母親の就業が増えるかどうかは、政策上重要な情報である。

相関関係と因果関係は似て非なるものであり、「相関関係はあっても、因果関係はない」状況は頻繁に起こりうる。さらに、この2つをデータから区別するのは非常に難しいから厄介だ。

「因果のない相関」はなぜ起こる?

相関はデータを見れば一発でわかるが、それが因果とは限らない。理由は、主に2つある。1つめは「別の要因が潜んでいる」こと、2つめは「逆の因果関係がある」ことだ(図4-3)。

先の例に基づき、第1の要因から考えてみよう。ここで、偏差値の高い大学に入れるか否かを決定づける要因として、新たに「地頭の良さ」を考慮する。簡単に、大学に入る前から勉強が得意だといったようなものだと考えてほしい。この地頭がより良ければ、偏差値の高い大学にも入りやすいうえに、たとえ大学に行かなくても仕事で活躍できて高収入を得やすいと考えられる。だとすると、仮に大学が能力の向上にまったく貢献しなくても、

図4-3 因果関係を曇らせる要因

(a) 別の要因が潜んでいる

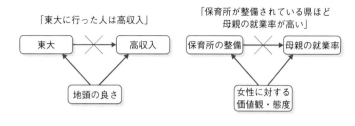

(b) 因果関係が逆

「偏差値の高い大学を出た人は年収が高い」という傾向がデータ上には表れてしまう。ところがこの場合、実際には大学と年収の間に因果関係はない。

　保育園の例でも同様で、新たに「女性に対する価値観や態度」という地域ごとの要因が、女性の就業に影響を与えているとしよう。すると、伝統的な性別役割分業の意識が根強く残っていたり、母親が子どもの面倒を見るのが当たり前だという意識がある地域では、母親は家庭にとどまり就業率が低くなる。また、そうした価値観のもとでは保育園を求める声が大きくならず、保育園整備も進まないであろう。一方、福井県のように歴史的に女性が働くのは当たり前という価値観が定着しているような地域では、女性の就業率が当然高い。そして、女性の就業に理解が得られるような土地柄であるから、保育園の必要性も地域に広く認識され整備が進んでいる。ここでも、仮に保育園が母親就業に何の効果ももたらさなくても、別の要因のせいで相関関係が現れてしまう。

2つめの「逆の因果関係」については、「警察官の数が多い地域ほど犯罪発生件数が多い」状況を例に考えてみよう。こうした傾向がデータから読みとれたとして、「警察官の数を増やすと犯罪件数が増える」という因果関係が成り立ちそうもないことは、直感的にも明らかだろう。もちろん因果関係はその逆で「犯罪件数が多いので警察官の数を増やした」と考えるのが普通だ。こんなの当たり前じゃないかと思われるかもしれないが、さまざまな要因が複雑に絡み合う現実のデータを見る場合に、実は因果関係が逆だったというのはよくあることで、容易にはわからないケースも多い。

　ここで注意してほしいのは、さまざまな相関関係にまで想像をめぐらせて考えると、事前の想定通りの関係がデータに見られたからといって、直ちにそれを因果関係とみなしてはいけない、という点だ。そして両者を区別するうえで、経済学の分析手法が大活躍することになる。次節ではいよいよ、その手法の一部を紹介しよう。

4　因果関係を明らかにするための分析手法

効果を測るには？

　因果関係を見出すには、ある原因とある結果の結びつきを特定することが重要であった。原因は、「偏差値の高い大学に入る」「保育園を整備する」など何らかのアクションであることが多い。以下ではこれらを「介入」と呼び、その介入が結果を変えたのか、つまり介入の「効果」をどうすれば測れるかを考えてみよう。

　ここでは問題を簡単にして、前掲の図4-1で最も左側に位置していた東大卒業と年収の関係に着目する。もしデータから両者

図 4 - 4　介入効果

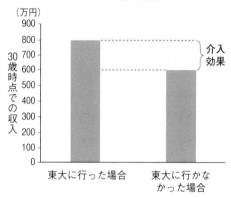

（万円）

30歳時点での収入

800

600

介入効果

東大に行った場合　　東大に行かなかった場合

出所）伊藤（2018）、図表 2 - 1 を参考に作成。

　の因果関係は確かにあるとみなせれば、「どの程度増えるのか」という影響の大きさも明らかにできる。これが「介入効果」である。

　介入効果は、「D さんが東大を出た場合と、出なかった場合の年収の差」とみなせる。介入がどの程度結果に影響を与えたかを知るうえで最も重要なのは、この差である（図 4 - 4 参照）。しかし、ここでいきなり途方もない困難にぶち当たる。たとえば、30歳時点の年収の差を介入効果として測ろうとしても、D さんが東大を卒業してしまった場合には、同じ時点で東大を出なかった場合の年収を知ることは永久にできない。つまり、介入効果は概念的に定義することはできても、実際に観測することは絶対にできないのだ。現実は一度きりで、「もしも」は起こらない。しかし、データ分析のキモは、この「もしも」を推測する点にある。ここからが経済学者の腕の見せどころというわけだ。

ランダム化比較試験（RCT）

　因果関係を明らかにするための最も有効な手法は、「ランダム化比較試験」（Randomized Controled Trial：RCT）である。もとは新しい薬や治療方法の効用を調べる際に使われてきた手法だ。ここでは、ある病気に対する新薬の効果をマウス実験で検証する場合を考えよう。まず、病気のマウスを10匹集める。そして、薬を投与する「介入群」に5匹、投与しない「対照群」に5匹という要領で、2つのグループに無作為（ランダム）に振り分ける。そうして観察を進めた結果、介入群で生き残ったマウスは4匹、対照群では2匹だった。ここから、新薬には効果があって生存率が2倍になるということがわかる。

　もちろん実際の実験はもっと複雑な設計で規模も大きいが、RCTの基本的な考え方はこんな感じだ。ここで、最も重要なのは、「ランダムに介入群と対照群を選ぶ」ことである。具合の悪そうなマウスだけを介入群に選んだり、逆に体調の良さそうなマウスだけを介入群に選んだりすると正しい効果は得られない。元気一杯のマウスだけで構成された介入群は、薬の効果がゼロでも平均的に生存率が高いのは容易に想像がつくだろう。一方、ランダムに介入群と対照群を選ぶと、両グループの平均的な体調やその他諸々の要因に差がなくなる、という点が重要なのである。

　「新薬を投与されたマウスの、投与されなかった場合の状況はわからない」という問題に対し、個々のマウスについては依然としてわからないが、同じ特徴を持った2つのグループについて両方の状況を観察できるようにする仕組みがRCTなのである。

　経済学でRCTが重視されるようになったのは、新薬の効果検証のような実験室実験にとどまらず、実社会でも適用可能なことが明らかになってきたためで、それは「社会実験」と呼ばれている。たとえば、1985年にアメリカのテネシー州で少人数学級の効

果を検証するために「STARプロジェクト」という社会実験が
実施された。「クラスを少人数にすれば子どもの成績は上がるの
か」という問いに答えようとした州政府による社会実験だ。ここ
では、少人数学級（13〜17人）を介入群、通常学級（22〜25人）
を対照群とし、該当する子どもたちを両グループにランダムに振
り分けた。そして両者の間で、その後の成績にどんな違いが生じ
るかを検証することで、少人数学級の効果を測定しようとしたの
である。

　しかし、完全無欠に見えるRCTにも問題点はある。第1に、
現実社会を舞台に実験を行うには、多額の費用が必要になる。
STARプロジェクトも州を挙げて学校制度の一部を変えて行わ
れたもので、ある研究者が個人的に行うのはとても無理だ。国や
自治体の決定事項というほどの規模感が必要になる（それでも、
何の検証もせずにいきなり施策を全面実施するよりは安く済むこ
ともあり、ケース・バイ・ケースである）。

　第2は、倫理的な問題だ。STARプロジェクトの例では、約
半分の子どもたちはランダムに少人数学級から排除される。少人
数学級の方が教育効果の高い可能性があるならば、科学的検証が
まだでも親が子どもを少人数学級に入れたいと考えるのは当然だ
し、こうした処置は子どもの学ぶ権利を侵害しているともいえる
わけで、重大な問題となりうる。

　このように、RCTは強力な手法である一方、実際に社会実験
として行うのは難しい。そんなときに役に立つのが、経済学者が
工夫を重ねて開発してきた「自然実験」というアプローチである。

実験とみなせる状況を探せ
　現実をよく観察すると、あたかもRCTのようにランダムに

人々が介入群と対照群に分けられたような状況がみつかることがある。

　たとえば、県境の道路を挟んで2つのファーストフード店が営業しており、片方の県だけで賃金を引き上げる政策がとられたとしよう。すると、両店の商圏や通勤圏に住んでいる人々はほぼ同じとみなせるにもかかわらず、一方の店舗だけ賃金が引き上げられた状況になる。この場合、賃金が上がった店舗で働く人々が介入群で、上がっていない店舗で働く人々が対照群ということになり、両店の採用数や労働時間等の差を見ることで、賃金上昇の効果を確認することができる。他にも特定地域を中心に起きた自然災害や、70歳を境に医療費負担が3割から1割に下がるような制度的な区別なども、こうした状況を作り出す。

　このように、政策・制度上の変化・区別や自然災害等が、現実社会にあたかも実験的な状況を生み出し、これらを利用することで因果関係を見出すための分析が実践できるのである。以下では、その代表的な手法を2つ紹介する。

差の差分析

　1つめは、自然実験アプローチの中で最もよく使われる「差の差分析」（Difference in Difference：DID）である。この手法は、1997年にカナダのケベック州で行われた保育改革の政策評価に応用され、見事に因果関係が示された（Baker et al. 2008）。当時ケベック州では、他の州に先駆けて保育に多額の補助が給付される制度改革が行われた。

　同研究ではこの状況を自然実験と捉え、介入群をケベック州の人々、対照群をその他の州の人々と見立て、両地域における母親就業率の推移を比較している（図4-5参照）。

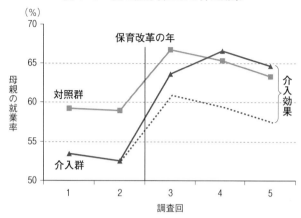

図4-5　差の差分析による介入効果

(%)

保育改革の年

母親の就業率

対照群

介入群

介入効果

調査回

(出所) Baker et al. (2008)、Figure 1より作成。

　ここで重要なのは、単純に両群の推移を比べたり、介入群の推移を確認したりするだけでは介入効果はやはりわからないという点だ。改革の影響以外の母親就業率へのさまざまな影響や、毎年の景気動向、あるいは保育改革とは別の政策が及ぼす影響などを排除することができないためである。

　この状況で威力を発揮するのが差の差分析だ。保育改革の効果を改めて定義すると、「改革が行われた場合と行われなかった場合の母親就業率の差」である。この差を推定するための手掛かりを対照群に求めるのが、差の差分析の発想だ。図4-5のように、介入群と対照群の母親就業率の推移は改革のあった年まで同じように（平行に）推移しており、改革年以降も改革がなかった場合は並行に推移すると仮定して、その差を見るのである（このような仮定を「平行トレンドの仮定」という）。この差は、第2回調査と第3回調査の間に開始された改革のタイミングの前後の差と介入群と対照群の差を同時に考慮することで求められるが、こうし

た2つの差に着目することから、「差の差」分析と呼ばれている。

　この差の差分析により、ケベック州での保育改革が実際に母親就業率の向上に効果があったことが示されたのだ。

回帰非連続デザイン

　もう1つ紹介する自然実験アプローチは、「回帰非連続デザイン」（Regression Discontinuity Design：RDD）である。こちらは教育年数が増えることで年収が増えるか、つまり教育は年収の上昇に役に立つのかという問いを例に説明しよう。

　回帰非連続デザインは、制度的な区別の境界を利用する手法である。古い事例になるが、イギリスでは1947年に義務教育を終える年齢が14歳から15歳に引き上げられた。この改革を利用して年収に対する教育の効果を分析した研究がある（Oreopoulous 2006）。改革では、人々は本人の意思とは無関係に介入群と対照群に割り振られることになった。ここでは介入群を制度改革直前に14歳になった人たち、対照群を制度改革直後に14歳になって15歳までに延長された人たちとしている。この場合、介入群と対照群には1年の違いしかないのでグループの特徴は同じであるとみなし、その後の年収の違いを分析することになる。

　実際の分析は図4-6に要約されている。図では横軸に14歳になった年を、縦軸に各年の世代の平均年収をプロットし、その傾向を示す曲線を引いたものである。注目してほしいのは、改革年を示す縦線が引かれた直前と直後の曲線の不連続にジャンプしている部分だ。この差を介入効果と捉えるのが、回帰非連続デザインの発想である。改革年の直前と直後には図のような年収の差が見られ、教育年数の延長は年収上昇に効果があったことを示している。

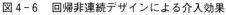

図4-6　回帰非連続デザインによる介入効果

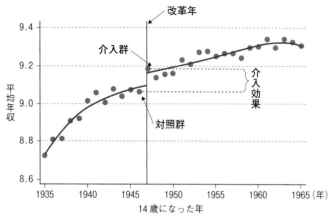

（注）タテ軸は、1998年を基準とした実質英国ポンドの対数値。
（出所）Oreopoulous（2006）、Figure 6より作成。

5　おわりに

　本章では、データに基づく因果関係の解明に取り組む実証ミクロ経済学を紹介してきた。データから因果関係を突き止めることは決して容易ではないが、経済学のアプローチがさまざまな場面で大いに役立つことを感じてもらえたのではないだろうか。

　このアプローチは、経済学の多くの分野で頻繁に用いられ、各分野の研究を推し進める原動力になっているのはもちろん、ビジネスや政策の現場でも大いに注目されており、多くの可能性を秘めた分野でもある。本章を読んで興味を持ってくれた読者の皆さんは、ぜひ「次のステップに向けて」で示したガイドを参考に、学習を進めてみてほしい。

次のステップに向けて

本章の次には、ぜひ以下の2冊を読んでみてほしい。どちらも初心者にも非常にわかりやすく、さまざまな事例を交えて因果関係を見極めるための分析手法を紹介している。

① 中室牧子・津川友介（2017）『「原因と結果」の経済学――データから真実を見抜く思考法』ダイヤモンド社

② 伊藤公一朗（2017）『データ分析の力　因果関係に迫る思考法』光文社新書

もう少し発展的な内容に挑戦してみたい人は、③が参考になる。

③ 岩波データサイエンス刊行委員会（2016）『岩波データサイエンス Vol.3　因果推論』岩波書店

また、④と⑤にはさまざまな分析や実践例が示されている。特に⑤では相撲の八百長の存在をデータから鮮やかに実証した研究が紹介されていておもしろい。

④ イアン・エアーズ（2010）『その数学が戦略を決める』山形浩生訳、文春文庫

⑤ スティーヴン・D・レヴィット＝スティーヴン・J・ダブナー（2007）『ヤバい経済学（増補改訂版）』望月衛訳、東洋経済新報社

自己宣伝になってしまうが、⑥は、結婚・出産・育児にまつわる経済学の実証研究を数多く取り上げ、育児休業制度や保育制度が人々の働き方や子供の発達に及ぼす影響なども紹介している。

⑥ 山口慎太郎（2019）『「家族の幸せ」の経済学――データ分析でわかった結婚、出産、子育ての真実』光文社新書

さらに、筆者も所属する東京大学大学院経済学研究科附属政策評価

研究教育センター（CREPE）では実証分析に基づく政策形成を支援するさまざまな活動を行っている。CREPEのウェブサイトでは、⑦で一般向けに経済学の研究紹介記事を公表しているので、興味のあるテーマを読み、さらに原論文にまで目を通してみるのもよいだろう。

⑦ 「CREPE フロンティアレポートシリーズ」(http://www.crepe.e.u-tokyo.ac.jp/material.html)

参考文献

朝井友紀子・神林龍・山口慎太郎（2016）「保育所整備と母親の就業率」『経済分析』191：121-151。

伊藤公一朗（2017）『データ分析の力——因果関係に迫る思考法』光文社新書。

エイシー、スーザン＝マイケル・ルカ（2019）「IT企業はなぜ経済学者を積極的に雇い始めたのか」『ハーバード・ビジネス・レビュー』ウェブサイト。（2019年4月3日 https://www.dhbr.net/articles/-/5828）

中室牧子・津川友介（2017）『「原因と結果」の経済学——データから真実を見抜く思考法』ダイヤモンド社。

Baker, M., J. Gruber and K. Milligan (2008) "Universal Child Care, Maternal Labor Supply, and Family Well-Being," *Journal of Political Economy*, 116 (4): 709-745.

Glo Tech Trends (2019)「2019年3月末の世界時価総額ランキング！アメリカ4大IT企業が肉薄！」2019年4月12日（https://glotechtrends.com/world-market-cap-ranking-190412/）。

Obama, B. (2009) First Presidential Inaugural Address "What is Required: The Price and the Promise of Citizenship" Delivered 20 January 2009.（https://www.americanrhetoric.com/speeches/barackobama/barackobamainauguraladdress.htm）

Oreopoulos, P. (2006) "Estimating Average and Local Average Treatment Effects of Education when Compulsory Schooling Laws Really Matter," *American Economic Review*, 96 (1): 152-175.

実証分析を支える理論

市村英彦

テーマ

個人や企業のデータを用いた
実証分析の背景を学ぶ

具体例

ミクロデータ、確率モデル・統計学・計量経済学の関係、
プログラム評価、構造アプローチ

1 計量経済学とは

問題意識と分析対象の拡大：マクロからミクロへ

　計量経済学とは、経済に関する実証分析の手法を提供する知識の体系であり、確率論を基礎とし、統計学と密接に関連しつつ発展してきた。経済に関する実証分析では、計量経済学で開発されたさまざまな手法と、多様なデータを用いて、現実に見られる社会現象の実態を報告したり、実態の決まり方や効果的な介入方法に関するさまざまな理論を実証的に評価したり、介入の効果などを推定したりする。

　「経済」に関する実証分析、というと失業率、国民所得、インフレ、株価などについて実証分析すること、というイメージが強いかもしれない。もちろん、それらの問題は今でも経済学の重要なトピックだが、むしろ私たち個々人が家計や企業あるいは自治体、政府という組織を通してどのように行動しているかについて理解を深めようとする実証分析、よりミクロの実証分析へとその対象が広がってきている。そういった人間行動の理解に基づいて、種々の経済問題に関する理解を深めようとしているのだ。たとえば、全体としての失業率がどのように決まるのかを理解しようとするより、個人レベルでの労働供給のあり方、企業の労働需要のあり方を理解することをまず目指す。

　また、これまでは中央政府のマクロ政策が主要な実証分析の対象だったが、より具体的な個別政策が実証分析の対象となっている。たとえば保育所の利用について考えてみよう。保育所の実態に関する実証分析としては、たとえばどういう家庭状況の人々が保育所を利用し、また、どのようなことを勘案して子どもを保育所に通わせるのか、などについて実態解明を行うことが考えられる。経済学では限られた資源の配分に対して厚生を高める制度設

計についての理論的研究が進んでいる。保育所選択の実証分析から得られた行動様式と制度設計理論から得られている結果に照らして、現行の保育所入所の選考ルールは妥当か、より厚生を高める選考ルールはないのか、といった介入方法に関する実証分析も考えられる。さらに、新たな介入を行ったなら、以前と比べて介入は厚生を高めたのか、介入の効果を実証分析し、検証することも重要になる。

　同様に個別の環境政策、少子化対策の効果分析や、なぜ先進国で少子化が進むのか、なぜ人々の結婚年齢が高まっているのか、そもそも結婚の決定要因は何か、どのように友人関係を形成しているのか等々、より個別具体的な研究が活発に行われている。こうしたテーマは社会学の領域というイメージがあるかもしれないが、現代の経済学では重要な分析対象となっている。また、オークションや公共調達の分析、教員・親・子どもへどのようにインセンティブを与えることが教育を高めるために有効か、マイクロ・ファイナンスによる起業促進効果はどれほどかなど、現在の経済学における実証分析の関心領域は非常に幅広い分野にわたっている。

　家計や企業を実証分析の対象として扱うには、国や地域などで集計されたデータではなく、意思決定の主体ごとに情報が記録されたデータである「個票（ミクロデータ）」が必要となる。ミクロデータには個別の家計や企業など、膨大な数の観測対象の情報が詳細に記録されているため、データのサイズも大きい。数十年前までは、コンピュータの記憶容量や計算速度が限られており、ミクロデータを分析に直接用いることが難しかったので、特別な計算環境に恵まれた人たちを除く多くの研究者は国民経済計算などを通して集計された結果を用いて分析せざるをえなかった。しかし、技術進歩によりそうした制約は急速に解消され、ミクロデ

ータを直接扱えるようになり、その分析手法も次々に開発されて
きた。また1960年代から特にアメリカを中心として、多くの家計
を追跡調査する「パネルデータ」と呼ばれるデータが構築され、
これまで確認できなかった事象が実証分析の組上に載ってきた。
家計や企業の個票を扱う計量経済学は、特に「ミクロ計量経済
学」と呼ばれている。現在では、マクロの経済問題に対してもミ
クロデータを直接用いて分析されるようになってきている。ミク
ロデータ分析が発展する中で、ミクロ計量経済学の対象もどんど
ん拡張されてきたのだ。

計量経済学で用いるデータ

　実証分析で用いるデータは、4つの角度から整理できる。1つ
めは観察される単位が意思決定の主体と考えられるかどうか、2
つめは意思決定に関連する他の意思決定主体に関するデータが含
まれるかどうか、3つめは観察主体についての時間を通した変化
を含むデータかどうか、そして4つめは実社会の中の人々の行動
の結果得られた「観察データ」（observational data）なのか、何
らかの人為的介入のもとに作成された「実験データ」（ex-
perimental data）なのかだ。

　観察対象単位を意思決定の主体と考えてよい場合は「ミクロデ
ータ」（個人、家族、個体ごとのデータ）、そうでない場合は「マ
クロデータ」（集計されたデータ。市区町村別に集計されたデー
タや国の GDP 統計など）と呼び、区別する。意思決定に関連す
る他の意思決定主体のデータを含むデータの代表例は、労働者に
関する情報とその労働者が働いている企業の情報がマッチされて
集められているデータや、企業に関する情報とその企業と取引関
係がある企業に関する情報、あるいはその企業に融資している金
融機関に関する情報などがマッチしているデータ、または友人関

係のネットワークに関する網羅的なデータなどが相当し、マッチドデータ（matched data）、ネットワークデータ（network data）などと呼ばれる。また、観察対象を時間を通して追跡するデータを時系列データ（time series data）、観察対象が1時点に属している場合をクロスセクションデータ（cross section data、横断データ）と呼ぶ。さらに、複数の対象を複数年にわたり追跡したデータ、追跡型横断データをパネルデータ（panel data）といい、関連する複数の対象を対応づけて記録しているパネルデータをマッチド・パネルデータ（matched panel data）という。加えて、同一の質問表に対応するクロスセクションデータが複数年にわたり存在するが、同一の対象が追跡されているのではない場合は反復クロスセクションデータ（repeated cross section data）という。

　ミクロ計量経済学が主として用いるデータはミクロデータであり、クロスセクションデータや反復クロスセクションデータ、マッチドデータ、ネットワークデータ、パネルデータやマッチド・パネルデータが利用される。また後述するように、因果関係の識別に際しては実験を実施して実験データを構築する場合もあるし、観察データをうまく活用した分析が行われる場合もある。

2　統計学と計量経済学

　計量経済学は確率論を基礎とし、統計的手法に基づいた確率モデルに関する推定・検定や予測を行うという点では、統計学と問題意識を共有している。加えて、確率モデルから推論の不確かさを評価する点も統計学と同様である。本節では、離散的な確率モデルとそれを用いた統計学を直感的レベルで紹介したうえで、統計

学と計量経済学の違いを整理する。本節の議論は、次節以降の議論で前提知識とする。

確率モデル

離散的確率モデルでは、ある変数 Y が $y_1, y_2, ..., y_J$ までの値をとりうるとし、それぞれの値をとる確率を $\Pr(Y = y_j)$ または省略して $p_j, \ (j = 1, ..., J)$ と表記する。ここで $p_j, \ (j = 1, ..., J)$ は非負かつ $\sum_{j=1}^{J} p_j = 1$ の実数とする。このとき Y は「確率変数」といい、$p_j, \ (j = 1, ..., J)$ を j の関数と見て、「確率関数」と呼ぶ。$p_j, \ (j = 1, ..., J)$ はこの確率モデルを完全に特徴づけるパラメータである。すなわち、この確率変数 Y を理解するには、確率モデルのパラメータ p_1 から p_J までを知ればよい。

ここで確率モデルを具体的に考えるために、必ずしも等確率ではないコインの確率モデル、つまり無作為に投げたときに裏表が出る確率が $1/2$ とは限らないというモデルを考える。これまでの記号を用いると、$J = 2$、$y_1 = 1$（表）、$y_2 = 0$（裏）と書ける。このモデルを用いて具体的な現実の状況も考えることができる。たとえば、ある時期に失業していた人が次の期に働いていることを $y_1 = 1$ と書き、依然として働いていない場合を $y_2 = 0$ と書けば p_1 は次の期までの就職確率に該当する。

同様に 2 変数の離散的確率モデルを考えることが便利な場合も多い。たとえば、失業者が就職したかどうかだけでなく、失業者が自治体の提供する就職支援の職業訓練プログラムに参加したかを表す変数 X をあわせて考えることができる。この例では X も 2 値をとり、$x_1 = 1$ でプログラムへの参加を、$x_2 = 0$ で不参加を表せばよい。この場合も 1 変数の場合と同様に $(Y, X) = (y_j, x_k), \ (j = 1, ..., J; \ k = 1, ..., K)$ として、それぞれの値の組合せをとる確率を $\Pr(Y = y_j, X = x_k)$ または p_{jk} と表記する。こ

こで p_{jk}, $(j = 1, ..., J;\ k = 1, ..., K)$ は非負かつ $\sum_{j=1}^{J} \sum_{k=1}^{K} p_{jk} = 1$ の実数とする。この 2 変数確率モデルでは p_{jk}, $(j = 1, ..., J;\ k = 1, ..., K)$ がこの確率モデルを完全に特徴づけるパラメータである。1 変数の場合と同様に、p_{jk} を j と k の関数とみた場合には p_{jk} を (Y, X) の「同時確率関数」と呼ぶ。このとき、確率変数 X や Y の確率関数のことを同時確率関数と区別して、「周辺確率関数」と呼ぶ。この場合 Y の周辺確率関数 p_j は $\sum_{k=1}^{K} p_{jk}$ で、X の周辺確率関数 q_k は $\sum_{j=1}^{J} p_{jk}$ となる。なぜなら確率の定義から

$$p_j = \Pr(Y = y_j) = \sum_{k=1}^{K} \Pr(X = x_k, Y = y_k) = \sum_{k=1}^{K} p_{jk}$$

となるからである。q_k についても同様である。

2 変数確率モデルの場合、確率変数 X が特定の値をとったという条件のもとで、もう一方の確率変数 Y がある特定の値をとる確率、「条件付き確率」を $\Pr(Y = y_j | X = x_k)$ または $p(y_j | x_k)$ と表記し、

$$\Pr(Y = y_j | X = x_k) = \frac{\Pr(Y = y_j, X = x_k)}{\Pr(X = x_k)} = \frac{p_{jk}}{p_k}$$

と定義する。たとえば上記の例で $\Pr(Y = 1 | X = 1)$ は、プログラム参加者の就職確率を表す。

ここで $p(y_j | x_k)$ を「条件付き確率関数」と呼ぶ。また定義から常に

$$\Pr(Y = y_j, X = x_k) = \Pr(Y = y_j | X = x_k)\Pr(X = x_k)$$

が成立する。すなわち、同時確率関数は 1 つの周辺確率関数と対応する条件付き確率関数で定義できる。

ここで、特にすべての j, k について $\Pr(Y = y_j | X = x_k) =$

$\Pr(Y = y_j)$ となる場合、2つの確率変数 X と Y は独立だと定義する。確率変数 X と Y が独立の場合、

$$\Pr(Y = y_j, X = x_k) = \Pr(Y = y_j)\Pr(X = x_k)$$

が成り立つ。すなわち、独立性の仮定のもとでは、周辺確率関数を用いて同時確率関数が定義できる。これは2変数以上の場合についても同様である。

期待値と条件付き期待値

1変数確率モデルでは、パラメータ $p_1, p_2, ..., p_J$ に従って確率変数 Y が決まるが、その Y のおおよその位置を示すパラメータの1つに「期待値」がある。期待値は確率変数を特徴づける代表的なパラメータの1つで、次のように定義される。

$$E(Y) = \sum_{j=1}^{J} y_j \Pr\{Y = y_j\} = \sum_{j=1}^{J} y_j p_j.$$

期待値は確率モデルの一側面を捉えるパラメータだが、一般的には確率モデルを完全に特徴づけるわけではない。また条件付き確率を用いて、事象 $X = x_k$ が生じたという条件のもとでの Y の「条件付き期待値」を、以下のように定義する。

$$\begin{aligned}
E(Y \mid X = x_k) &= \sum_{j=1}^{J} y_j \Pr\{Y = y_j \mid X = x_k\} \\
&= \sum_{j=1}^{J} y_j p(y_j \mid x_k).
\end{aligned}$$

一般的に、条件付き期待値は条件となる確率変数の値に依存するが、条件付き確率と同様、Y と X が独立である場合にはすべての j, k について $p(y_j \mid x_k) = p(y_j)$ なので、x_k への依存関係はなく、条件なし期待値に一致する。

ここで、たとえば $J = 2$ で $y_1 = 1$、$y_2 = 0$ としておけば、

$E(Y \mid X = x_k) = p(1 \mid x_k)$、すなわち、条件付き期待値は条件付き確率となる。2値の確率モデルを考えるときに、値をしばしば0と1とするのはこの事情による。

さらに Y と X が独立かどうかに関わりなく、Y の条件なし期待値は、Y の条件付き期待値と X が x_k をとる確率から、一般的に以下のように計算することができる。

$$E(Y) = \sum_{k=1}^{K} E(Y \mid X = x_k) \Pr\{X = x_k\}.$$

条件付き期待値と条件付き確率の定義から直接示すことができるので、興味のある読者は導出してみてほしい。この結果は、「繰り返し期待値の法則」(the law of iterated expectations) と呼ばれている。

統計学による推測

次に、統計学で扱われる問題について解説しよう。統計学では、あるデータは何らかの確率モデルからの実現値だと考える。その確率モデルを特徴づける未知のパラメータを、得られたデータから推測することが統計学の基本問題であり、「統計的推測」と呼ばれる。1変数の離散確率モデルの場合、その全体像を明らかにしたい場合には p_j, $(j = 1, \dots, J)$ をデータから推測することを目指す。しかし、確率モデルの特定の性質だけを知りたい場合、たとえば期待値だけを知りたいのであれば、期待値の推測を目指す場合もある。特に確率モデルが複雑な場合には一部のパラメータのみに限定して推測問題を考えることが多い。

また統計的推測の方法は、大きく「推定」と「仮説検定」に分かれている。推定とはパラメータの値そのものを推測することであり、仮説検定とはパラメータがある値をとるか否かを推測することである。さらにもう1つ、統計学の大きな問題として「予測」

がある。予測とは、上記の考え方に従えば、推定されたパラメータを用いて確率モデルから実現する将来のデータの値を予測するという問題と整理できる。

統計的推定の問題を具体的に考えてみよう。ある時点で N 人の個々人について、失業しているか、働いているか、労働市場に参加していないかが記録されたデータが得られたとする。それぞれの状態を順に 0、1、2 で表し、i 番目の個人の状態を 0、1、2 のいずれかの値を確率 p_0、p_1、p_2 でとる確率変数 Y_i とみなし、その実現値を y^i と書くと、このデータは $(y^1, y^2, ..., y^N)$ と表せる。ここで、y^i, $(i = 1, ..., N)$ は 0、1、2 のいずれかをとる。

統計的推測の前提となる確率モデルはこの問題の場合、$(Y_1, Y_2, ..., Y_N)$ の確率モデルに相当するから、N 変数の同時確率関数を考える必要がある。たとえば Y_i, $(i = 1, ..., N)$ がお互いに独立だと考えると、この同時確率関数が以下のように決まる。ここで、ある条件 A が真のとき $1(A)$ は 1 で、条件 A が偽のとき $1(A)$ は 0 をとる関数 $1(A)$ を用いると、

$$
\begin{aligned}
&\Pr(Y_1 = y^1, Y_2 = y^2, ..., Y_N = y^N) \\
&= \Pr(Y_1 = y^1)\Pr(Y_2 = y^2) \cdots \Pr(Y_N = y^N) \\
&= \left[p_0^{1(y^1 = 0)} p_1^{1(y^1 = 1)} p_2^{1(y^1 = 2)} \right] \times \left[p_0^{1(y^2 = 0)} p_1^{1(y^2 = 1)} p_2^{1(y^2 = 2)} \right] \\
&\quad \times \cdots \times \left[p_0^{1(y^N = 0)} p_1^{1(y^N = 1)} p_2^{1(y^N = 2)} \right] \\
&= p_0^{\sum_{i=1}^{N} 1(y^i = 0)} p_1^{\sum_{i=1}^{N} 1(y^i = 1)} p_2^{\sum_{i=1}^{N} 1(y^i = 2)}.
\end{aligned}
$$

最初の等号は Y_i, $(i = 1, ..., N)$ がお互いに独立だという仮定から成立する。次の等号は一見複雑だが、たとえば $\Pr(Y_1 = y^1)$ は $y^1 = 0$ のとき p_0、$y^1 = 1$ のとき p_1、$y^1 = 2$ のとき p_2 となるということを、先に定義した $1(A)$ を使って書いているに過ぎない。$1(A)$ を使うことで、p_0、p_1、p_2 の指数をそれぞれ集めて、最後の等号が成立することが容易にわかる。

このようにデータにおける０、１、２の３値のいずれからなる N 個の数字を確率変数 Y_i, $(i = 1, ..., N)$ の実現値とみなすことで、人々の就業状態のデータと確率モデルを結びつけ、p_0、p_1、p_2 に関して統計的推測を行うのである。

調査データの偏りの問題

　ここで注意してほしいのは、統計的推測で用いる確率モデルとそれに用いるデータとの関わりだ。ここで重要なのが「母集団」という概念である。母集団とは、確率モデルが捉えようとしている対象全体のことである。用いるデータは用いる確率モデルの実現値だとみなせることが分析の大前提だ。

　たとえば、推測の対象とする母集団が「日本全体」ならば、用いるデータは日本全体から偏りなく集められたものとほぼ同等でなければならない。もし、データが特定の条件に偏って収集されたものならば、そのデータは母集団とは違う特徴を持つことになり、母集団の特徴を正確に推測することはできない。実証分析を行う際には、自分が対象としたい母集団は何か、それに合致したデータはあるか、ないなら現状あるデータからどのような仮定のもとで、母集団に関する統計的推測を行えるかを考える必要がある。母集団と実際のデータが合致しないことは計量経済学で扱う問題でしばしば起こるので、「サンプル・セレクション問題」として計量経済学の１つの分野になっている。

　実際のデータ収集方法を見ると、母集団と分析に用いるデータとの整合性についてあまり注意されていないことが多い。たとえば選挙前の世論調査の場合に、電話調査だけで済ませてしまうと、昼間に電話に出ることができそうな人に限定されることになる。そのような人の属性は母集団とはずれている可能性が高く、本来の母集団である日本全体の特徴は、調査で集められたデータには

反映されないことになる。

　一般的に、データを収集する際、調査対象者は母集団を代表するように選んだとしても、調査に協力してくれるとは限らないので、結果として得られるデータは常に偏りを持っている可能性がある。特に回収率が低い場合には偏りが大きい可能性があるのでデータの母集団代表性を担保するさまざまな分析が必要となる。

　昨今、いくつかの政府統計でウェブ調査の利用が考えられているが、これにも母集団代表性があるかという問題がある。ウェブ調査は登録しているモニターを用いるが、政府統計調査をモニターを用いたウェブ調査で代替するためには、モニターがどの程度国民を代表しているかを吟味する必要がある。モニターにどのような人々が登録するかを考えると、そのままでは国民全体を代表しているとは考えにくいので、ウェブ調査を利用するとすればどのように母集団の代表性を担保するかが課題となる。ウェブ調査会社は登録者数が多いことを強調するが、数が多いだけで、偏りが大きいのであれば、偏りのある結果を正確に推測できるに過ぎない。

　いわゆるビッグデータを用いた統計的推測についても同様の問題がある。データが大きいという問題と、そのデータが母集団を代表しているか、という問題は別問題だ。たとえば、顧客データをいくら分析しても顧客でない人たちのことはわからないので、新規顧客をどのように獲得していくかを考えるためには工夫が必要になる。

統計学と計量経済学の違い

　統計学と計量経済学の違いはどこにあるのだろうか。ここまで見てきたように、統計学は確率モデルを前提としてそのパラメータの統計的推測を問題とする。一方、計量経済学は確率モデルよ

りも前に、分析対象が存在している。したがって、どのような確率モデルを用いて分析対象を捉えるべきかを考えることが、統計学にはない、計量経済学固有の問題である。

　たとえば経済学で用いられる需要関数、供給関数の推定問題を考えてみよう。話を単純にするために需要関数、供給関数はその財の価格 p とモデル外から与えられた変数 x だけの関数で、その価格が与えられると希望需要量、希望供給量をそれぞれ示す関数だとする。すなわち需要関数と供給関数をそれぞれ

$$q^D = f_D(p, x), \qquad q^S = f_S(p, x)$$

と書く。このとき、価格は $f_D(p, x) = f_S(p, x)$ を満たすように、すなわち、需要と供給が均衡するように、一意に決まるとこのモデルでは考える。もし x がなければ、観察される均衡価格と均衡量は変わらないので、需要関数と供給関数は推定できない。しかし、x が両方の関数をシフトさせれば、さまざまな x の値の違いにより、成立する均衡価格は変わるので、観察される x、価格と数量のデータから、需要関数、供給関数は推定できるように感じるが、そうではない。基本的に x がない場合と同じことが起こるのだ。たとえば、需要関数は、x をある値に固定したとき、価格と需要量の関係を示すが、x を固定したときに、観察される均衡価格は一意に決まっており、変化はないので、与えられた x に応じて決まる均衡価格での需要関数の1点はわかるが、需要関数自体は推定できない。供給関数についてもまったく同様の問題が起こる。この問題は「識別可能性の問題」として1920年代に研究された。経済学の実証問題に即して生じるこのような問題を1つずつ解決し、どのような確率モデルを用いて分析対象を捉えるべきかを明らかにすることが計量経済学の課題だ。

　もし、ある変数 z が供給関数だけをシフトさせるとすると、x

を固定したときにも観察される均衡価格はzの値が変わるとともに変わるので、需要関数が推定できる。このようなzを用いる手法により、識別問題は解決された。この手法は「操作変数法」として知られており、現在では経済学以外の分野でも広く使われる手法になっている。なお、これまでに説明した状況では、供給関数は依然として推定できない。供給関数を推定するためには需要関数だけをシフトさせる変数が必要となる。

あるパラメータを推定したいという願望は、経済学では確率モデルが定義されるよりも前に決まる。一方、統計学では確率モデルのパラメータを推定の対象としているが、確率モデルの中にはもちろん経済学の概念は一切登場しない。そのため、経済分析に統計学の手法を適用するためには、確率モデルと願望対象を理論的に結びつけ、どのような確率モデルのもとで願望対象が分析されなければならないかを明らかにする必要がある。それが計量経済学の役割だ。

3 プログラム評価問題

しかし、願望対象がいつも推定できるとは限らない。すでに見たように、適当な操作変数がないなら、需要関数は推定できない。本節では、昨今その重要性が強調されている政策評価を行うことも同様に根本的に「プログラム評価問題」(program evaluation problem) と呼ばれる問題を抱えていることを説明し、問題克服のための工夫や、これまでさまざまな分野で開発されてきた分析方法を解説する。

プログラム評価問題とは

　プログラム評価問題を説明するために、いくつか変数を定義する。ある人があるプログラムに参加したかどうかを示す2値の確率変数を D とし、参加の場合には $D = 1$、不参加の場合には $D = 0$ と定義する。また、参加時に得られる結果を示す確率変数を Y_1、不参加時に得られる結果を示す確率変数を Y_0 とし、ある人についての「プログラム参加の効果」（treatment effect）を $Y_1 - Y_0$ と定義する。

　しかし実際には、ある人がプログラムに参加した場合には、参加しなかった場合のデータは存在しないので、同一個人については Y_1 と Y_0 のどちらか一方の実現値しか観察することができない。そのため、各人のプログラムの因果的効果である $Y_1 - Y_0$ の実現値は、誰1人として観察することができない。これが、プログラム評価問題と呼ばれる根本的な問題である。

　Y_1 をある政策のもとでの結果、Y_0 を現状の政策のもとでの結果と考えれば、$Y_1 - Y_0$ は政策効果の分析に相当していることがわかる。

　プログラム評価問題は問題を静学的に捉えているから起こる問題で、現状から次の期にかけての変化で考えればよいのではないかと考えるかもしれない。たとえば、現状と比べて、プログラムに参加した人の状況が改善したら、プログラムの効果があったと言えるのではないかと考えるかもしれない。しかしそうではない。この場合も、もしこの人がプログラムに参加していなかったとしても状況は改善していたかもしれないからだ。

　それでは、各人についてのプログラム効果は測定できなくても、「プログラム効果の期待値」（Average Treatment Effect：ATE）、

$$E(Y_1 - Y_0) = E(Y_1) - E(Y_0)$$

は測定できないだろうか。残念ながら、プログラム効果の期待値も観察データからは推定できない。観察できるデータは参加者の結果と不参加者の結果なので、$E(Y_1|D=1)$ と $E(Y_0|D=0)$ は推定できるが、$E(Y_1)$ や $E(Y_0)$ は推定できない。繰り返し期待値の法則を使うと

$$E(Y_1) = E(Y_1|D=1)\text{Pr}(D=1)$$
$$+ E(Y_1|D=0)\text{Pr}(D=0)$$

なので、$\text{Pr}(D=0)=0$ でない限り $E(Y_1)$ は $E(Y_1|D=1)$ とは一般的には異なる。同様に $\text{Pr}(D=1)=0$ でない限り $E(Y_0)$ は $E(Y_0|D=0)$ とは一般的には異なる。繰り返し期待値の法則を使った表現の右辺には $E(Y_1|D=0)$ という表現が現れるが、$E(Y_1|D=0)$ を推定するにはプログラム不参加者について参加した場合の結果のデータが必要となる。同様の問題は Y_0 についても $E(Y_0|D=1)$ として現れる。この2つの要素が、期待値を使ってプログラム評価を行うときに生じる難しさの原因である。

それにもかかわらず、

$$E(Y_1|D=1) - E(Y_0|D=0)$$

の推定値、すなわちプログラム参加グループの平均的結果と不参加グループの平均的結果の差を使ってプログラム評価を行っている例は多い。注意してほしいのは、上記の差は性質の異なる2つのグループの結果を比べている点である。参加グループと不参加グループを構成する人々は、まったく異なった性質を持っているかもしれない。たとえば、失業者に対して就職を支援するための職業訓練プログラムを評価する場合、プログラムへの参加グループと不参加グループでは、自由参加を前提とすれば、参加グループには就職意欲は強いが現状自分のスキルが不足していると感じ

ている人が多く含まれる一方、不参加グループには就職意欲の高くない人、あるいは現状のスキルで仕事がみつけられると考えている人たちが多く含まれるだろう。したがって、$E(Y_1 | D = 1)$ $-E(Y_0 | D = 0)$ はプログラム効果だけでなく、グループ間の性質の差も含むため、同一の母集団に対して定義されているプログラム効果の期待値、$E(Y_1 - Y_0)$ とは異なる可能性が高い。

ランダム化実験による克服

　プログラム評価問題は経済学に限らず、さまざまな分野においてプログラム効果を測定する障害となってきた。これに対し、伝統的には農学や生物学、医学をはじめとする分野では、「ランダム化実験」、あるいは「ランダム化比較試験」（Randomized Controlled Trial：RCT）と呼ばれる実験により対処してきた。経済学でも、少なくとも1960年代からランダム化に基づく社会実験を行っている（第9章では、途上国での社会実験を中心に実例を紹介する）。

　ランダム化実験では、まず一定の性質を持つ実験の対象者について、対象者の性質とは独立に、ある確率に従ってプログラムへの参加・不参加を割り当てる。ここで、各人に割り振られたプログラムへの参加状態が記録されたデータを、通常のデータと区別するために (Y_1^*, Y_0^*, D^*) で表すことにしよう。すると、(Y_1^*, Y_0^*) と D^* は独立なので、以下のような等号が成立する。

$$E(Y_1^* | D^* = 1) = E(Y_1^*), \quad E(Y_0^* | D^* = 0) = E(Y_0^*).$$

　先に見た通り、観察データを用いた場合、プログラムへの参加・不参加は自分で決めているなら、結果変数 (Y_1, Y_0) と D は独立ではないので、このような等号は成立しない。しかし、実験データを用いれば、(Y_1^*, Y_0^*) と D^* は独立なので、以前は不適

切だった、プログラム参加グループの結果の期待値と不参加グループの結果の期待値との差、$E(Y_1^* | D^* = 1) - E(Y_0^* | D^* = 0)$ を使って、プログラム効果の期待値、$E(Y_1^* - Y_0^*)$ を測定することが可能となるのだ。

しかし、ランダム化実験であっても推定可能なのはプログラム効果の期待値である。プログラム効果である $Y_1^* - Y_0^*$ はどのデータについてもやはり観察できないため、ランダム化実験を用いても個別のプログラム効果の推定はできない点は注意してほしい。ランダム化実験がプログラム評価問題自体を解決しているわけではないのだ。可能であれば、プログラム効果の期待値だけではなくて、個々人への効果が知りたい。というのも、ある人にとっては効果が大きくても、別の人にとっては効果が小さい、またはマイナスの効果をもたらしてしまう場合もあるためである。しかしこれはランダム化実験でも残念ながら測定できない。

ランダム化実験の問題点と自然実験

ところで、上記の議論ではすべての被験者が割り当てられた参加・不参加の指示に従って行動することが大前提となっている。被験者は割り当てに従うか、従わない場合があったとしても結果 (Y_1, Y_0) とは無関係な事情によると想定されている。しかし実際には、職業訓練プログラムの例でいうと、もともとプログラムに参加したいと思っていた意欲的な人は、割り当てから漏れてしまった場合に自主的に他のところで同等のトレーニングを受ける可能性がある。すると、実験データでは Y_0 が記録されていても実際には Y_1 に近いものになっているかもしれない。こういう人が多い場合には実験結果から測定される効果はプログラムの効果そのものではなくて、代替的なプログラムと比べた場合の効果に近いかもしれない。同様に、もともと意欲がなくて参加したくない

人は、プログラム参加が割り当てられても実際には参加しないかもしれない。この点が、植物や動物ではなく生身の人間を対象とする社会科学である経済学が直面する難しさの1つである。人間は自分の意思で実験に参加するかどうかを決める。

また、実験から得られた結果は、現実にも適応可能であること、つまり $Y_1^* = Y_1$, $Y_0^* = Y_0$ とみなせることが重要であるが、実際には実験期間は限定されているなど、複雑な現実の状況を再現できているかは疑わしい場合がある。さらに、実験という環境にあること自体が、実験参加者の行動を変えてしまう可能性もある。

加えて、実験で実現可能な状態は対象となる個人・個体が現実に直面する状態とはほど遠い可能性もある。たとえば、人々のリスクに対する態度を測定する実験ではクジなどを用いてせいぜい数万円単位の所得変動リスクに対しての行動を調べる。しかし、実際に株や住宅を買う際に直面するリスクは、それとは比較にならないほど大きい。そのため、こうした実験で適切に人々のリスク態度が測定できるのかという問題もある。こうした一連の問題はもちろん研究者たちも理解しており、ある実験結果が通常の状況で当てはまるか否かはできる限り厳密にチェックされている。

その他にもランダム化実験には、実施するには経済的・政治的に費用が掛かったり、データをタイムリーに利用できなかったりするなどの問題もあるので注意が必要ではあるが、これらの問題のない実験が可能であれば、貴重な実証結果をもたらしてくれる。

社会実験のさまざまな問題に鑑みて、経済学では、現実の観察データの中からできるだけ実験に近い状況を見出し、実証分析を行うことで、社会実験が直面する問題を回避して、プログラム評価問題を解決する努力が続けられてきた。これら一連の手法は、「自然実験」（natural experiment）アプローチと呼ばれている。次項ではその実例を紹介する。

環境改善施策の評価

　本項では、自然実験アプローチの手法を用いて、大気汚染の浄化という環境改善政策がもたらした経済的価値を住宅価格の変化を通じて実証的に評価した研究である Chay and Greenstone（2005）を紹介する。

　同研究は、アメリカで1963年に制定された大気清浄化法（Clean Air Act）が70年に全面改正された際に導入された、郡（county）に対して環境改善投資の義務が課されるか否かの基準を利用した分析である。

　同法改正により、大気中に含まれる総浮遊粒子（total suspended particles：TSP）が1年間平均で $75\mu g/m^3$ を超えるか、年間で2番目に高い1日の TSP の量が $260\mu g/m^3$ を超えた郡は、次の年に非達成郡（non-attainment county）に指定されることになった。そして、非達成郡に指定された郡は、工場レベルで新規の投資を行うことで環境改善に取り組むことが義務づけられた。同研究はこの環境改善投資義務を負うか否かの制度上の割り当てを自然実験とみなし、大気浄化の程度を大気中に含まれる TSP の変化によって計測して実証分析を行った。

　ここで、プログラム評価の枠組みに従って、観察単位を郡とし、TSP が年間平均 $75\mu g/m^3$ よりもわずかに大きく新規の環境改善投資に取り組む義務を負う郡を $D=1$、わずかに少なく取り組み義務を負わない郡を $D=0$ とし、$D=1$ の郡の住宅価格を Y_1、$D=0$ のときの住宅価格を Y_0 と定義する。

　また、環境改善のための新規投資義務を負うか否かの基準値となっている $75\mu g/m^3$ は制度的に引かれた境界線（閾値）であり、この値をほんのわずかに超えた郡と超えなかった郡については、義務を負うか否か以外に本質的な差はないと仮定する。この制度的に設定された閾値を利用して、環境改善への新規投資の効果を

測定しようというのが、第4章でも紹介した自然実験アプローチの主要な手法の1つ、「回帰非連続デザイン」（regression discontinuity design：RDD）である。

この研究の目的は、環境改善政策がもたらした経済的価値を測定することである。ここではその経済的価値を環境改善後の住宅価格の変化に結びつけて測定している。

図5-1(a)は、横軸に1974年時点での1年間の平均 TSP、縦軸は1970年と80年を比較した場合の TSP 改善量を示している。これを見ると、非達成郡の TSP はより大きく減少しており、確かに大気は清浄化していることが見て取れる。次に、図5-1(b)については、横軸は上図と同様で、縦軸は1970年と80年で比較した場合の住宅価格の上昇率を示している。

$75\mu g/m^3$ 近辺の達成郡と非達成郡の差に着目すると、TSP 改善量の違いは約 $4\mu g/m^3$、住宅価格の上昇率の差は約 0.02。したがって、弾力性は以下のように計算できる。

$$\frac{0.02}{4/75} = \frac{1.5}{4} = 0.375.$$

つまり、TSP で測った大気汚染度が10％下がると、住宅価格が4％弱上がることが、この分析で明らかになった。こうした分析を行うことで、具体的な環境改善政策の経済的効果について具体的に数値に基づいた議論を行うことができるようになるのである。

4　実験的手法の限界と構造アプローチの必要性

本章ではミクロ計量経済学の考え方と、そこで重要な役割を果たしている自然実験アプローチによる分析例を紹介した。この他

図 5 − 1　TSP 改善量と住宅価格上昇率

(a) 1970 年と 80 年での TPS 量の変化

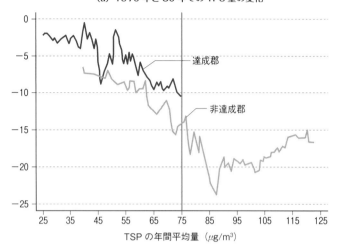

達成郡

非達成郡

TSP の年間平均量 （μg/m³）

(b) 1970 年と 80 年での住宅価格 （対数） の変化

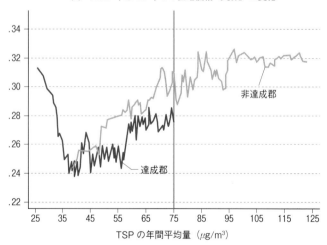

非達成郡

達成郡

TSP の年間平均量 （μg/m³）

（出所）Chay and Greenstone （2005）、Figure 3より作成。

にも、パネルデータを用いる手法、マッチング法（matching method）、操作変数法、Bloom によるアプローチ、サンプル・セレクション法など、プログラム評価を行う手法は多く開発されているが、ここで紹介した自然実験アプローチは、一時期ミクロ実証分析の主流を形成していた。近年でも多くの優れた研究が自然実験の手法により生まれているが、それだけでは不十分な点が多いという認識も共有されるようになった。

　自然実験でわかるのは、ある場所におけるある時点でのプログラムの平均的な効果に限られる。これを過小評価すべきではないが、得られた結果が、将来別の場所で同様のプログラムを実施した際にも得られる保証はない。また、どのような理由からあるプログラムが効果を持ったのか、あるいは持たなかったのかについても自然実験だけではわからない。

　さらに、あるプログラムを実験的に導入された場合と、プログラムが制度化されて適用された場合とでは、異なる効果を持つ可能性がある点にも注意が必要だ。いわゆる「ルーカス批判」である。

　たとえばある実証研究により、大学へ通うことで所得が平均的に上がることが確認されたので、政府が大学授業料を無償化したとしよう。その場合、大学教育を受けた労働者の供給は年々増えるので、大卒への需要が一定ならば賃金は下がっていくと考えられる。また、無償化制度導入後に大学に通う人々は、導入前に大学に通う人々とはさまざまな点で属性が異なる可能性もある。そうなると、大学教育の効果を実証した時点と同様の形で見出すことはもはやできないだろう。すなわち、大学無償化の長期的な効果を分析するためには、大学教育を選択する人たちの行動を理解し、賃金がどのように労働市場で決定されるのかについての分析が必要となるのである。

しかし、こうした分析を行うには経済モデルを適用する必要がある。経済モデルを用いることで、家計、企業、政府などの意思決定や、プログラム効果のメカニズムを一般的に解明しなければならないのである。そして、この点を解明するための手法が「構造アプローチ」（structural approach）である（第8章も参照）。

　構造アプローチでは、消費者や企業が行動する際に用いる目的関数は政策によって変わらないと仮定され、その前提のもとで、モデルパラメータが測定される。モデルパラメータは消費者の場合、主として目的関数に関わるもので、企業の場合、生産関数に関わるものである。政策は消費者や企業が直面する経済環境を変えるが、目的関数や生産関数が変わらないのであれば、新たな政策のもとで消費者や企業がどのように行動を変えるかは予測できる。このような構造アプローチに基づく分析手法ならば、推定された平均的なプログラム効果が経済モデルのパラメータにどのように依存しているかを明らかにすることができる。さらに、経済モデルと結びつけた推定を行うことで、なぜそうした効果が生じたのか、どんな条件で効果が大きいのかなど、より深い分析を行うこともできるようになるのである。

　この分野は、マクファデン（D. McFadden）やヘックマン（J. Heckman）の静学的な選択のモデルから出発し、1980年代にラスト（J. Rust）、ミラー（R. Miller）、ウォルピン（K. Wolpin）たちにより動学化され、現在はペイクス（A. Pakes）やベリー（S. Berry）たちにより相互依存を許すゲーム理論に基づくモデルの推定やヘックマン、テイバー（C. Taber）、ウォルピン、リー（D. Lee）たちにより一般均衡モデルの推定へと拡張されてきた。

　経済学の学習は、実証分析の手法を計量経済学で学ぶ他、部分均衡モデルやゲーム理論についてはミクロ経済学で、一般均衡モデルについては理論的枠組みはミクロで、また具体的な構築方法

はマクロ経済学で基本を学び、労働、産業組織、財政、金融、都市経済、貿易、開発などの各分野で特定の問題にあわせた発展的なモデルを学んでいくことになる。構造アプローチは、経済学で学ぶこれらの知識を総動員して取り組むもので、まさに経済学の真骨頂となるアプローチであり、実証分析を支える柱なのである。

次のステップに向けて

　最後に、計量経済学をどのように学習して行くかについて触れておく。大学学部1、2年相当では線形代数、確率論、統計学について基礎的事項を身につけておくことが必要だ。目安としては①の第2、3章の確率論・統計学の復習、および第19章の付録（Appendix 19.1）で解説されている線形代数の復習内容がしっかりわかることだ。

① Stock, J. H. and M. W. Watson (2018) *Introduction to Econometrics*, 4th ed., Peason

　これらの内容を説明している良書は多いので、本書の「あとがき」で紹介している書籍なども参考に、自分の気に入った書籍で勉強されるのがよいだろう。その後で、①を使って勉強を進めるのがよいだろう。その後、さらに大学院レベルの教科書としては、②がある。

② Hansen, B. E. (2019) *Econometrics* (https://www.ssc.wisc.edu/bhansen/econometrics/)

　また、統計パッケージである「R」を習得しておくのが後々便利だ。経済学では Stata という統計パッケージの人気が高いが、統計学の分野では R が主流だ。こちらはウェブ上に多くの情報があるが、たとえば③の最初の7章ほどでおおよそ使えるようになる。

③ Kabacoff, R. I. (2015) *R in Action: Data Analysis and*

Graphics with R, 2nd ed., Manning Publications

　統計パッケージだけでなく自分でプログラミングができるようになっておくと、計量経済学だけでなく他の分野でも便利なので、時間がとれるなら、Python を学習しておくとよい。これには Udemy (https://www.udemy.com/) などのウェブコースが便利だが、他にも多くの身につけ方があるので、何でもそうだが、各自でいろいろと試してみて自分の気に入ったものが一番よい。

参考文献

Chay, K. Y. and M. Greenstone（2005）"Does Air Quality Matter? Evidence from the Housing Market," *Journal of Political Economy*, 113（2）: 376-424.

06

〈 国際経済学 〉

グローバリゼーションの光と影

古沢泰治

テーマ

モノや人、知識の移動の影響を、
理論的、実証的に分析する

具体例

貿易が活発になると、
世界中の人々の生活は豊かになるのか

1 はじめに

　1990年代からインターネットが急速に社会に普及し、近年では情報は国境を超えて瞬く間に伝わるようになった。情報のグローバリゼーションが起こったのである。グローバリゼーションの波は、情報のみならず、モノ・サービス、そして人の移動にも押し寄せてきた。

　モノ・サービス、人、アイデアの国際的移動は、国々を繁栄へと導いた。日本にいながら、テスラの電気自動車に乗り、グーグル検索を利用し、海外の人たちとスタバでコーヒーを飲みながら会話を楽しんだり、インターネットから最新の学術論文をダウンロードしたりできるようになった。国内では手に入らないものを消費したり、海外からモノやサービスをより安く手に入れたりできるのが、国際貿易の基本的利益である。こうした貿易利益は、貿易に関わるすべての国があまねく享受する。これが、グローバリゼーションの光の側面だ。

　しかし近年、グローバリゼーションの影の側面が注目されるようになってきた。反グローバリズムを唱える人たちは、「グローバリゼーションの恩恵は一部の人たちに集中し、大多数の人たちは取り残されている」という。実際、アメリカでは、1990年から2017年の間に、所得中位者（メディアン）の実質所得は12.4%（年率0.4%）の上昇にとどまる反面、上位5%の実質所得は37.1%（年率1.2%）上昇した[1]。所得格差は、知識労働者の生産性向上に偏った技術進歩によるという研究もある。したがって、一概にグローバリゼーションが所得格差を招いたとはいえない。しかし、グローバリゼーションが中間層や下位所得層の仕事を奪ったと考える人は多く、それが政治におけるポピュリズムの台頭、そしてトランプ大統領の誕生につながっている面は否定できない。

また、グローバリゼーションの一面である移民の増加は、EU 諸国のナショナリズムを刺激し、イギリスの EU 離脱（いわゆる Brexit）や極右政党の台頭を招いた。

本章では、グローバリゼーションのポジティブな面とネガティブな面の双方に目配りしながら、国際経済学の核となる理論や考え方を紹介していく。

2 貿易の重力モデル

国際貿易の物理法則

ニュートンの万有引力の法則は、「r の距離にある、m_1 の質量を持つ物体と m_2 の質量を持つ物体は、$F = Gm_1m_2/r^2$ の力で引き合っている（G は定数）」というものである。モノの国際貿易にも、同様の法則が成り立つ。その法則は、「重力モデル」（gravity model）、あるいは「重力方程式」と呼ばれており、以下の式で表される。

$$X_{ij} = \frac{Y_i Y_j}{b(d_{ij}) Y_w} \tag{6.1}$$

ここで、X_{ij} は j 国の i 国からの輸入額、Y_i と Y_j はそれぞれの国の国内総生産（GDP）、Y_w は世界全体の GDP、貿易コストを表す $b(d_{ij})$ は両国間の距離 d_{ij} の増加関数である。この経済学版の重力モデルでは、GDP が各国の質量で、貿易額が 2 国間の引力となる。

実はさまざまな理論モデルにより、この重力方程式が導かれるのだが、ここでは、最も簡単なモデルにより (6.1) 式を導こう。まず、関税や輸送費といった貿易コストはゼロだとする。このとき、世界全体の約1/5の GDP 規模を誇るアメリカは、中国で生

産されたモノの1/5を消費し、日本製品の1/5を消費すると考えてもよいだろう。世界全体の約5％のGDPを有する日本は、各国で作られたモノのうち5％を消費すると考えられる。貿易コストがゼロならば、j国は、i国の総生産額Y_iのうち、j国の所得シェアであるY_j/Y_wだけ消費する、つまり、j国はi国から$Y_i \times (Y_j/Y_w)$で表される金額分のモノを輸入するのである。輸送費は距離に応じて増えていくと考えられるので、輸送費を含む貿易コストによる貿易量の減少を加味して、(6.1)式が導かれる。

重力モデルの推定

実際のデータを用いて重力モデルを推定してみよう。貿易コストを、$b(d_{ij}) = a d_{ij}^\rho$と定式化し、(6.1)式の自然対数をとると以下のように表すことができる。

$$\log X_{ij} = \log Y_i + \log Y_j - \log Y_w - \log a - \rho \log d_{ij} \quad (6.2)$$

ここで、2018年の164カ国からの日本の輸入データを用いて、この重力モデルの妥当性を調べてみよう。日本の輸入額のデータは「UN Comtrade Database」から、輸出国となる各国のGDPデータは世界銀行のデータベースから、そして2国間の距離データはCEPIIデータベースから取得した。(6.2)式において、輸入国（日本）のGDPであるY_jは定数となるので、誤差項をε_{ij}とすると、推定式は以下のように表される。

$$\log X_{ij} = \alpha_0 + \alpha_1 \log Y_i + \alpha_2 \log d_{ij} + \varepsilon_{ij}$$

最小2乗法を用いてこの式の係数α_0、α_1、α_2を推定した結果は、以下の通りである（係数の下のカッコ内は標準誤差と呼ばれる値である）。

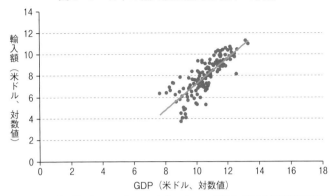

図 6 - 1　日本の輸入額と輸出国 GDP の関係

（出所）日本の輸入額は UN Comtrade Database、各国の GDP は世界銀行のデータベース、2 国間の距離は CEPII（Centre d'Études Prospectives et d'Informations Internationales）データベースより作成。

$$\log X_{ij} = 2.22 + 1.18^{***} \log Y_i - 1.73^{***} \log d_{ij}$$
$$\quad\quad (1.53)\ \ (0.06) \quad\quad\quad\quad (0.33)$$

　これらの係数は、いわゆる「弾力性」の推定値である。輸出国の GDP が 1 ％高いと、そこからの日本の輸入は1.18％高くなり、輸出国との距離が 1 ％遠いと輸入は1.73％低くなることを意味している[2]。図 6 - 1 は、輸出国 GDP の自然対数値と輸入額の自然対数値の関係をプロットしたものであり、重力モデルの当てはまりのよさを示している。

重力モデルの推定結果から

　上述した理論モデルが示唆するように、輸出国の GDP が大きいほど、その国からの輸入量が大きくなるのは自然だろう。また、世界各国の 2 国間貿易のデータを用いたこれまでの研究から、輸

入国を固定化しない（6.2）式の推定結果も重力モデルを支持し、輸入国の GDP が大きいほど各国からの輸入量も大きくなることがわかっている。

　より興味深いのは、2国間の距離が貿易に与える負の影響である。距離が遠くなると輸送費が高くなり、貿易量は減少すると考えられる。距離が遠いと、市場の情報や財やサービスに関する情報が伝わりにくく、その結果、貿易量が小さくなるというのもあるだろう。言語や文化の類似性も距離との相関があり、2国間の貿易に影響を与えるかもしれない。また、距離とは関係ないが、関税や非関税障壁の存在も、貿易量を大きく左右する要因となる。

　こうしたさまざまな貿易コストを決める政治的・経済的要因は何か？　それぞれの貿易コストがどの程度国際貿易に影響を与えているのか？　貿易コストが低下したとき、どのような財・サービスの貿易が特に伸びると考えられるのか？　そして貿易の伸長は、われわれの生活をどのように、そしてどの程度よくしてくれるのか？　これらの問いに答えるべくして生まれたのが国際経済学、特に国際貿易の分野である。

3　グローバリゼーション

世界の GDP と国際貿易

　重力モデル（6.1）式によると、世界各国の GDP が同率で成長（Y_i、Y_j、Y_w が同率で成長）すると、2国間貿易もその成長率と同率で増えていく（X_{ij} が同率で増加する）ことになる。世界銀行のデータで世界全体の GDP の成長と貿易額の増加を比べたのが図 6-2 である。1980年の時点では、世界全体の GDP が11.2兆ドルで、世界全体の貿易額（輸入額の世界合計として算

図6-2　世界の GDP と貿易額：1980年の値を100とした推移

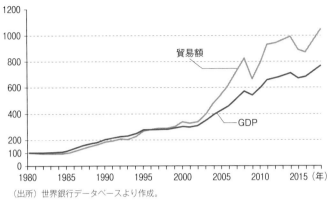

（出所）世界銀行データベースより作成。

出）はその約1/5の2.36兆ドルだったが、それぞれ1980年時点を
100と基準化した指数としてグラフ化されている。

　図6-2からは、1980年からの20年間は GDP と貿易額がほぼ
同率で伸びてきたが、2000年頃から貿易額の伸びが GDP の伸び
を上回ってきたのがわかる。今世紀に入り、重力モデル(6.1)式
にある貿易障壁 $b(d_{ij})$ が減少してきていると考えられるのだ。

　2000年頃の貿易をめぐる環境の変化といえば、まずは世界貿易
機関（World Trade Organization：WTO）が1995年に設立され
たことだろう。WTO の設立により、第二次世界大戦後のガット
（General Agreement on Tariffs and Trade：GATT）体制は強化
され、国際貿易は円滑化した。そして、2001年の中国の WTO
加盟も国際貿易の伸びに大きく寄与した。世界銀行のデータによ
ると、2000年の時点で中国の輸出額（ドル換算）は世界全体の3
％に過ぎなかったが、2018年には11％を占めるようになった。さ
らに、1990年代から2000年代にかけて始まったいわゆる IT 革命
により、財・サービスの情報や、それらを製造する企業の情報な

どが国境を容易に越えるようになり、最終消費財だけでなく、中間財の国際貿易が進展した。

グローバリゼーションへの賛否

　国際貿易の伸びに表されるグローバリゼーションの進展は、賛否両論の議論を巻き起こした。

　グローバリゼーションにより、中国をはじめとする新興国は、輸出に牽引された経済成長を達成した。また、新興国の低賃金は先進国の企業を惹きつけ、国際的な分業が進み、多国籍企業は国境を越えたサプライチェーンを構築し、より大きな利益を手に入れた。そして、世界各国の人々は、これらの活発な企業活動によって生み出された、より安価で高品質の財やサービスを消費できるようになった。また、経済成長の源泉となる知識は、スピーディーに世界に広まるようになった。これらは、紛れもなくグローバリゼーションによってもたらされた利益である。グローバリゼーション賛成派は、企業が世界レベルでの競争にさらされることにより、より効率的な生産活動をするようになったと評価する。

　他方、グローバリゼーション反対派は、世界的な競争激化により、多くの人々の職が奪われたと批判する。中国からの輸入拡大の影響もあり、製造業が急速に縮小したアメリカでは、伝統的な製造業を抱える中西部で特にその声が大きい。また、グローバリゼーションと時を同じくして起きた所得格差の拡大は、政治を大きく動かし、欧米諸国でポピュリズムの台頭を招いた。グローバリゼーションは人の移動も活発化させたが、移民の拡大は排他的な感情を生み、イギリスのEUからの離脱（Brexit）につながった。

　果たしてグローバリゼーションは人々の生活を豊かにするのだ

ろうか？　賛成派と反対派はどちらが正しいのだろうか？　次節
では国際貿易理論の助けを借りて、これらの問いに対する答えを
探っていこう。

4　国際貿易の利益：グローバリゼーションの光

輸入によってもたらされる利益

　貿易の利益として最もわかりやすいのは、外国から輸入しなけ
れば得ることのできないものを消費できるというものである。た
とえば、インドネシアやケニアなどから輸入することなしには、
日本人はコーヒーを楽しむことができない。フェラーリもイタリ
アとの貿易なしには乗ることができない。もちろん、トヨタや日
産が製造する車に乗ることはできるが、トヨタや日産ばかりでは、
日本人の多様な嗜好に対応できないだろう。

　国際貿易の利益は、外国で作られた財やサービスを消費可能に
することにある。輸出はあくまで輸入品を得るための行為である。
輸出することなく輸入品を手に入れることができるのであれば、
輸出する代わりに国内でその分を消費した方がいい。また、何も
輸入することなく輸出だけしたならば、その結果得た外貨の使い
道もない。外貨を日本円に替えようにも、海外との取引が輸出だ
けならば、外貨を買ってくれる日本人（日本円の所持者）もいな
いだろう。

新しい生産技術としての国際貿易：寓話から

　ここで、2008年に国際貿易に関する業績でノーベル経済学賞を
受賞したクルーグマンが自身の論文（Krugman 1993）で引用し

た、イングラムの寓話を紹介しよう（Ingram 1970）。

　20世紀半ば、ミステリアスな起業家 Mr. X が、ノースカロライナの海岸沿いに広大な土地を購入し、事業を始めた。彼は、「石炭や小麦を布地やカメラに変える新技術を発明した」とアナウンスし、アメリカ全土から石炭や小麦を集めた。多くの石炭や小麦が、フェンスに囲まれた彼の工場に運び込まれ、安価な布地やカメラとなって工場を出て行った。安価な消費財を入手できるようになった人々は喜び、彼をエジソンにたとえるまでになった。布地やカメラを作っていた企業は、古い業界秩序を守るよう議会に働きかけたが、議会は技術革新の便益を享受するためには経済的調整も必要だと説いた。しかしあるとき、この地にバケーションに来ていた少年が工場敷地に迷い込み、Mr. X の「工場」は倉庫に過ぎず、「秘密の生産工程」は単なる輸出入だったことを目撃した。そこでは、全国から集められた石炭や小麦を輸出し、海外で安価に生産された布地やカメラを輸入していたに過ぎなかったのだ。少年がそのことを語った24時間以内に、Mr. X は詐欺師として蔑まれるようになり、彼の「工場」は閉鎖され、高給を得ていた何千人もの労働者は解雇された。議会は、「外国の低賃金労働の競争にさらされていたアメリカの生活水準は工場閉鎖により死守された」と宣言した。

新しい生産技術としての国際貿易：日越貿易の例から
　イングラムの寓話には随所に大切なメッセージが盛り込まれているが、まずは前半部分にある Mr. X の事業内容に注目しよう。そこでの主要なメッセージは、「国際貿易は輸出品から輸入品を

生み出す1つの技術」と考えられることにある。

　日本がコンピュータ（PC）をベトナムに輸出し、ベトナムからシャツを輸入する貿易を例にとって考えてみよう。日本もベトナムも労働のみからPCやシャツを生産するとし、日本では、1台のPCを生産するのに100時間の労働が必要で、1枚のシャツは10時間の労働が必要だとする。さて、日本で生産されたPCをベトナムに輸出する対価として、日本は何枚のシャツを輸入できるだろうか。

　その枚数は「交易条件」と呼ばれている。交易条件は、1単位の輸出財の対価として得ることのできる輸入財の量として定義される。言い換えれば、交易条件とは、輸入財表示による輸出財の相対価格である。ここで、日本の交易条件は20だとしよう。PCを1台輸出すると、シャツを20枚手に入れられるのだ。20枚のシャツを日本で製造すれば、10×20＝200時間分の労働を投入する必要がある。しかし、貿易によれば、PCを1台製造するのに必要な100時間分の労働投入だけで済むのである。

　生産に必要な労働時間を介して考えれば、日本国内でPCからシャツ1枚を「生産」するには、10/100＝1/10台分のPCを「投入」する必要がある。しかし、ベトナムとの貿易によってPCからシャツ1枚を「生産」する場合は、1/20台分のPCでよいのである。貿易を行うというのは、新しい生産技術を導入するのと同じことだ。新しい技術が生み出されれば、当然国は豊かになる。

ウィン・ウィンと比較優位

　ベトナムとの貿易により日本が利益を得るのはわかったが、ベトナムにとってはどうか。ベトナムは日本に比べ相対的にシャツを安価に生産できる。そこで、ベトナムでは、1台のPCを生産

するのに450時間の労働が必要で、1枚のシャツは15時間の労働が必要だとしよう。日本と比べどちらの財も生産性は低いが、1枚のシャツを「生産」するのに必要なPCは15/450＝1/30台と日本の1/10台より少ないことに注意しよう。さて、ベトナムでは、300時間の労働から20枚のシャツを生産し、日本に輸出することにより、1台のPCを日本から手に入れることができる。ベトナムで生産すれば450時間の労働が必要なので、PC 1台につき150時間分の労働を節約することになる。ベトナムも、日本との貿易から利益を得るのである。

　国際貿易は、いわゆるウィン・ウィンの取引である。貿易に携わるすべての国が利益を得るのである。読者の中には、「PCの国際的な相対価格が20だから両国ともに利益を得るのであって、それが40ならば日本は利益を得てもベトナムは貿易によって損失を被る」と考える人もいるだろう。実際、その場合、ベトナムの交易条件（PC表示でのシャツの相対価格）は1/40となり、貿易によってシャツからPCを「生産」しようとすると40枚のシャツを「投入」しなくてはならず、30枚でよい自国での生産の方が効率的となる。しかし、ここでは詳しくは説明しないが、貿易をしたときの国際相対価格は、常に、貿易をしないときの日本における相対価格とベトナムにおける相対価格の間に決まることになる。この例では、PCの相対価格は10と30の間に決まり、その場合、両国ともに貿易から利益を得る。

　国際貿易の分野で最も重要な概念は、比較優位だろう。各国は、生産費が相対的に低い財に「比較優位」を持つという。この例では、日本はPCに、ベトナムはシャツに、それぞれ比較優位を持っている。各国は、比較優位を持つ財を輸出し、他の財を輸入することにより、貿易利益を得るのである。

5 国際貿易の負の側面：グローバリゼーションの影

勝者と敗者

イングラムの寓話に話を戻そう。ここではその中ほどの部分に注目する。全国から買い集めた石炭や小麦を輸出し、その売上で購入した布地やカメラを輸入していた Mr. X の活動は、石炭や小麦の生産者を潤した一方で、布地やカメラの国内生産者に損失を与えた。国際貿易は、国全体としては利益になるものの、勝者と敗者を生んでしまう。勝者は輸出財産業に携わる人々であり、敗者は輸入財産業に従事する人たちである。

勝者と敗者：長期的視点

長期的視野に立つと、誰が勝者で誰が敗者かは、また変わってくる。労働や資本といった生産要素が産業間を自由に移動できる長期においては、国際貿易により、輸出財産業に集約的に用いられている生産要素への実質報酬は増加するが、輸入財産業に集約的に用いられている生産要素への実質報酬が減少することが知られている。

日越貿易の例では、PC は資本集約的、シャツは労働集約的だと考えられるので、日本では、資本への実質報酬は増加し、労働への実質報酬は減少することになる。ベトナムとの貿易により、日本では、PC 生産は増加し、シャツの生産は減少する。それは、PC 生産に集約的に用いられている資本への需要が増加し、シャツの生産に集約的に用いられている労働への需要が減少することを意味する。その結果、資本の実質報酬は増加し、労働の実質報酬は下落するのである。日本はベトナムに比べ資本が豊富に存在している。豊富に存在する要素への実質報酬が増加し、実質報酬

が下落する労働は相対的に稀少なため、日本全体で見れば実質所得は増加する。しかし、貿易によって利益を得る人々から損失を被る人たちへの補償なくしては、国際貿易が国を潤すとは言い切れない。

所得格差

国際貿易は、資本と労働の間での再分配を促すだけでなく、労働者間の所得格差も助長すると指摘されている。ハイテク財や情報サービスは、資本集約的でも労働集約的でもなく、知識集約的（もしくは人的資本集約的）だと考えられる。グローバリゼーションは、これらの産業に、世界という大きな市場を与えることとなった。GAFA（グーグル、アマゾン、フェイスブック、アップル）に代表されるように、知識集約的産業は「勝者総取り」の傾向が強く、成功企業を牽引する一部の知識労働者は大きな富を手にするようになった。

また、コンピュータ関連産業や情報産業の飛躍的進展は知識労働者に偏った生産性の向上をもたらしたため、比較的単純な作業に従事するホワイトカラーや製造業に従事する中間層の所得は伸び悩んだ。グローバリゼーションとこの偏った技術革新は、特に先進国において所得格差の拡大を招いた。2011年の Occupy Wall Street（ウォール街を占拠せよ）運動は、「1％の人が富を独占している」と抗議するもので、政治におけるポピュリズムの台頭につながった。

発展途上国が直面する問題

発展途上国も貿易から利益を得るには違いないが、発展途上国

ならではの問題も抱えている。国際貿易の進展が、経済成長につながる産業構造の変化を妨げる可能性があるのだ。比較優位に従うと、発展途上国は農業や労働集約的製造業に特化していくことになる。しかし、長期の成長を牽引するのは資本集約的製造業であり、知識集約的サービス業である。先進国が比較優位を持つそれらの財の輸入は、国内産業育成の妨げになる。第二次世界大戦後の日本がそうであったように、発展段階では、多くの国が国内産業の育成を目指し保護主義的貿易政策をとる。これを「幼稚産業保護論」という。

しかし、近年の中国や東南アジアの発展を見ると、国際貿易はむしろ成長を促進すると考えられる。それらの国は関税を上げて自国産業を守るのではなく、むしろ貿易促進のために積極的に関税などの貿易障壁を引き下げている。なぜだろうか。

それは、企業による生産工程の細分化と最適配置が進んだからだと考えられる。情報産業の革新的発展により、遠隔地間での情報のやりとりは、安価に、スピーディーに、そして安定的に行われるようになった。その結果、知識集約的工程や資本集約的工程は先進国で、労働集約的工程は発展途上国で行う分業体制が広がった。日本の多国籍企業も、アジアを中心に製造拠点を拡充し、タイやベトナムで製造した部品を中国で組み立て、アメリカをはじめとする世界各国に輸出するといった生産ネットワークを築きあげてきた。生産ネットワークのグローバル化は、一部の発展途上国を、一気にハイテク産業立地国に押し上げた。

6 おわりに

人々や企業が財やサービスを交換するように、国際間で財・サ

ービスを交換する国際貿易はとても自然な経済現象だ。そしてそれは、国際貿易に関わるすべての国の利益となる。しかし、近年は、その負の側面が強調されて取り上げられるようになった。グローバリゼーションの恩恵が強調されすぎた2000年代前半の反動や、先進国での所得格差の拡大がその理由として考えられる。さらに、トランプ政権誕生後は、世界の貿易体制が政治に翻弄されるようにもなってきた。近年の米中貿易摩擦や日韓経済問題は、いずれも、政治・経済的懸案から始まった「貿易戦争」である。

　国際貿易はいとも簡単に実現できる「新しい生産技術の導入」だ。その利益を私たちが享受し続けるために、国々は国際ルールに沿った貿易政策を行い、国内的には貿易で得られた富を皆で分かち合うよう努力を続けていくべきだろう。そうでなければ、イングラムの寓話の最後にあるように、国際貿易の影の側面ばかりが強調され、グローバリゼーションは後退していくかもしれない。国際貿易をめぐる強固で安定的な仕組みを作ることが、今求められている。

次のステップに向けて

　体系的に国際貿易を学びたい人のためには、①や②がある。これらは、国際貿易の仕組みについて幅広く解説した入門レベルの教科書である。

① 阿部顕三・遠藤正寛（2012）『国際経済学』有斐閣
② 石川城太・椋寛・菊地徹（2013）『国際経済学をつかむ（第2版）』有斐閣

より詳しく勉強したい人には③をお薦めしたい。前述の教科書より

若干厳密性を重視した中級レベルに近い内容だが、初学者にもわかり
やすい記述を心がけている。

 ③ **古沢泰治（近刊）『国際経済学入門』新世社**

 実証研究から国際貿易について接近したい人には、④がお薦めであ
る。少し高度な内容が含まれているので、入門書を読んだあとの学習
に適している。

 ④ **清田耕造・神事直人（2017）『実証から学ぶ国際経済』有斐閣**

 最後に、Centre for Economic Policy Research（CEPR）の政
策ポータルである⑤を紹介する。CEPR は主にヨーロッパを中心とし
た研究者のネットワークで、経済学研究の普及や政策提言に取り組む
民間機関である。この政策ポータルでは、国際経済学を含む経済のト
ピックが幅広く扱われ、最新の研究がわかりやすく解説されている。
ここの記事を読めば、経済学への興味が増すに違いない。

 ⑤ **VOX CEPR Policy Portal**（https://voxeu.org/）

注
1）アメリカ国勢調査局（United States Census Bureau）のデータ（Selected Mea-
 sures of Household Income Dispersion:1967-2017）に基づいている。
2）推定では、定数項は標準誤差が1.53と大きく有意にゼロとは異なるとはいえな
 いが、輸出国の GDP と両国間の距離は、1 ％の有意水準で係数がゼロという帰
 無仮説を棄却した（係数の右上の三つ星がそのことを表している）。また、自由
 度調整済みの決定係数が0.71と比較的高いこともあり、重力モデルは日本の輸
 入額をうまく説明できていると考えられる。

参考文献
Ingram, J. C.（1970）*International Economic Problems,* 2nd ed., John Wiley & Sons.
Krugman, P. R.（1993）"What Do Undergrads Need to Know About Trade?"
 American Economic Review, 83（2）: 23-26.

07

都市を分析する

〈都市経済学〉

佐藤泰裕

テーマ

人の移動と都市化の原因と、
その功罪を分析する

具体例

東京一極集中

1　はじめに

「東京一極集中」という言葉を聞いたことがある方も多いであろう。これがニュースや新聞で取り上げられるとき、何かしらの問題があるというニュアンスが込められていることが多い。しかし、東京への人口集中を考えると、他の地域から東京に人が移り住んでいるとしても、それは強制的に移住させられているわけではない。もちろん、諸事情により本意ではないが移住する、という場合もあるとは思うが、それも、さまざまなことを勘案すると、移住しないより移住した方がよいと考えるから移住するのである。すると、東京一極集中の何が、誰にとっての問題になるのであろうか。それより、そもそも、なぜ人々は東京に集まるのであろうか。

　こうした問題を議論する際、何も分析道具を用意しなければ、往々にして水掛け論になってしまう。有益な議論を行うためには何かしらの分析道具を用意して、問題を整理していく必要がある。都市経済学は、経済学という分析道具を用いて、東京一極集中のような問題に取り組む分野であり、より広くは、「どこでどんな経済活動がどの程度行われているのか」を考察する分野である。

2　日本の都市化と都市経済学

人口集中

　まず、日本の都市や地域の様子を概観してみよう。国連の報告によれば、2015年の人口は全世界で73億8000万人くらいであり、日本には1億2000万人以上住んでいる（United Nations 2017）。これは、他の国々と比べたときに、決して小さな人口規模ではな

図7-1 日本の夜景

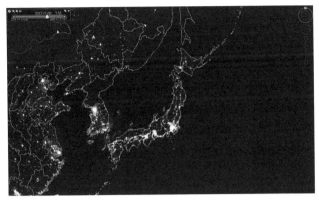

い。たとえば、ヨーロッパ諸国と比べると、フランスは6400万人、ドイツは8100万人なので、これらヨーロッパの中で大国といわれている国々と比べても日本は人口規模で見れば大きな国といえる。また、面積では日本よりはるかに大きいカナダの人口が3600万人、オーストラリアの人口が2400万人であるから、面積では日本はこれらの国よりはるかに小さいが、人口でははるかに大きい。

　こうした面積ではるかに大きな国々に比べて、日本ははるかに多くの人口を抱えているわけであるから、さぞかし日本はどこに行っても人が密集しているのだろうと思われるが、実際はそうでもない。日本の中でも、人々は一部の場所に集まって暮らしている。これを最も手軽に視覚的に確認できるのが夜景の衛星写真である。

　図7-1はGoogle Earthで夜景の衛星写真を表示したものであ

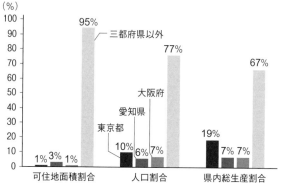

図7-2　東京都、愛知県、大阪府の面積、人口、生産シェア

（出所）総務省統計局「統計でみる都道府県のすがた」より作成。

る。この上では、人が集まって暮らしている場所は街灯やビル、住居の電灯によって明るく表示される。これを見ると、東京や大阪、名古屋といったいわゆる大都市のところがひときわ明るくなっており、そういった場所にたくさんの人が集まっていることがわかる。

　また、こうした集中は人口だけでなく、当然のように、そうした人々が従事する経済活動についても観察できる。たとえば、図7-2に示されているように、いわゆる三大都市圏にあたる東京都、愛知県、大阪府の三府県に注目すると、これらの三都府県は、可住地面積では全国の5％程度しか占めないが、日本の全人口の2割以上を抱え、国内総生産（GDP）の都道府県版に当たる県内総生産では全国の3割以上を生み出している。これを見るだけでも、いかに人口と経済活動が限られた場所に集中しているかがわかる。

　さらに、南関東地方、つまり、東京都、神奈川県、埼玉県、千葉県をまとめると、人口規模は3000万人を超え、総生産は150兆

表7-1　DID人口割合

	DID人口 （万人）	DID面積 (km²)	DID人口割合 (%)	DID面積割合 (%)
1960年	4083	3865.2	43.7	1.03
1980年	6994	10014.7	59.7	2.65
2000年	8281	12457.4	65.9	3.3
2015年	8687	12786.3	68.3	3.38

（出所）総務省統計局「国勢調査」より作成。

円を超える。実は、この人口と生産の規模は国で見るとカナダと同程度である。カナダの面積は日本の面積の27倍もあるにもかかわらず、カナダと日本の一部である南関東が同規模の人口を抱え、同規模の総生産を生み出しているわけである。

　こうした人口集中の様子を国全体として把握する基本的な指標が、人口集中地区（Densely Inhabited District：DID）人口割合である。DIDとは、人が集まっている地域を定義してそれを集計したものであり、そこに住む人の割合を示す指標である。

　表7-1は1960年から2015年までのDID人口割合を示しているが、これを見ると、DID人口割合が40％強から70％弱へと増加していることがわかる。DID人口の増加に伴いDID面積も増えてはいるものの、その割合は1％から3.5％程度にしか増加しておらず、DID人口割合の増加には遠く及ばない。日本全体として、狭い範囲に人口が集中し、その程度が増していることが確認できる。

　こうした傾向は、東京、大阪、名古屋という三大都市圏で顕著であり、その様子は、都市圏と呼ばれる圏域にまとめることで確

表 7 - 2　代表的な大都市雇用圏（2015年）

順位	都市圏	人口（万人）
1	東京	3530
2	大阪	1207
3	名古屋	687
4	京都	280
5	福岡	256
6	神戸	241
7	札幌	236
8	仙台	161
9	岡山	152
10	広島	143

（出所）東京大学空間情報科学研究センター
（http://www.csis.u-tokyo.ac.jp/UEA/　2019
年7月8日閲覧）より作成。

認できる。何かしらの結びつきの深い市区町村をくっつけて、圏
域として見る見方があり、これを都市圏と呼ぶが、その1つに、
通勤パターンによって市区町村をまとめた、大都市雇用圏という
ものがある。

　表7-2は、日本の主要な大都市雇用圏の人口を示しているが、
これを見ると、東京、大阪、名古屋大都市圏が他と比べて特に大
きいことを確認できる。特に、東京大都市圏は、人口が3500万人
を超え、同様の手法で作成された外国の都市圏と比べても、世界
一の人口規模をほこる。

　こうした人口集中の様子は特に目新しいものではない。第二次
世界大戦後は一貫して同様の傾向が見られたことはよく知られて
いる。さらに、江戸時代に遡っても、同様の傾向が見られたこと
がわかっている。鬼頭（2000）は人別帳などの資料を基に江戸時

代の人口分布を推定した歴史人口学の成果を紹介しているが、そこに掲載されている江戸時代の日本の広域地域別人口分布を見ると、大雑把には、人は江戸時代から同じようなところにずっと集まっていることがわかる。このことから、大都市への人口集中は決して一過性の現象ではなく、長期的に観察されるもので、その背後にあるメカニズムやそれが引き起こす可能性がある問題について考察する価値は十分にあると考えられる。

都市経済学とは

　このように、特定の場所に人や経済活動がものすごく集まることがなぜ起きるのか、それからそれがどのくらい普遍的なことなのか、それが集まったときに、どんな良いこと・悪いことが起きるのか、というのを、経済学の手法を使って分析するのが都市経済学の目的である。

　もちろん、都市や人口集中といった現象を分析してきたのは経済学だけではない。他の分野でも研究対象になっており、当然、そういった隣接領域と交流しながら都市経済学の研究は進んできた。都市経済学に一番近い領域は、地域経済学である。伝統的に、都市経済学は応用ミクロ経済学として、地域経済学は応用マクロ経済学として発展してきた（と思われる）。しかし、近年は、マクロ経済学がミクロ的基礎付けを持つ枠組みで分析されているように、地域経済学も、都市経済学のようにミクロ的基礎付けを持つ枠組みを用いるようになってきた。そのため、両者の区分はきわめてあいまいになっている。さらに、EU（欧州連合）のように、国境を越えて自由に人や企業が往来できる場合も生じてきたことから、国と国との間の事柄を分析してきた国際経済学とも一部融合しており、その共通集合にあたる領域は空間経済学と呼ば

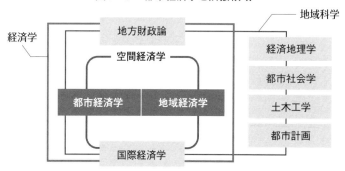

図7-3　都市経済学と隣接領域

れている。また、政策に関係する話題は、地方財政論とも共有している。

　経済学以外では、経済地理学や都市社会学、土木工学や都市計画といった領域とも接点があり、こうしたさまざまな領域で、都市や地域を扱うものを集めて地域科学と呼ぶこともある。こうした関係を図にまとめると、図7-3のようになる。

3　都市化のプロセス

　現在観察される人口集中は、もちろん、過去の人口移動の結果として生じたものである。そこで、日本の人口移動の様子を簡単に見てみよう。図7-4は三大都市圏への転入超過数の推移である。

　転入超過数は、転入した人の数から転出した人の数を引いたもので、これが正の値ならそこの人口が増え、負の値なら減ることになる。ここでの都市圏は、先ほどの大都市雇用圏ではなく、近隣の都道府県を足しただけの荒っぽいものであるが、おおよその

図7−4　三大都市圏への転入超過数

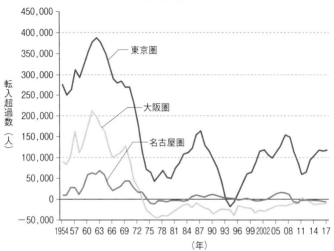

（注）東京圏：東京都、神奈川県、埼玉県、千葉県。
　　　名古屋圏：愛知県、岐阜県、三重県。
　　　大阪圏：大阪府、兵庫県、京都府、奈良県。
（出所）総務省統計局「住民基本台帳人口移動報告」より作成。

傾向をつかむことはできる。図7−4は1954年から2017年までの転入超過数を示しており、横軸に年を、縦軸に転入超過数をとっている。戦後の高度経済成長の頃は三大都市圏どれも大幅な転入超過であり、この時期に東京、大阪、名古屋が他の地域に比べて、相対的に大きくなったことがわかる。その後は大阪が少し減り、名古屋が横ばいという状態が長く続いている。東京は一時期を除いて一貫して転入超過が続いている。

　もう少し人口移動の様子を詳しく見てみよう。総務省統計局の「住民基本台帳人口移動報告」には、都道府県間の人口移動について、移住前の都道府県と移住後の都道府県の情報が移動人数とともに記載されている。それをいくつかの広域地域に集計するこ

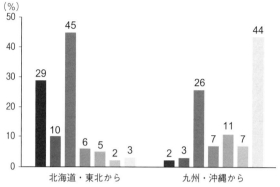

図 7 – 5 広域地域間の人口移動（2018年）

（注）左から、北海道・東北、北関東・甲信越・北陸、南関東、東海、近畿、中国・四国、九州・沖縄の割合を示す。

（出所）総務省統計局「住民基本台帳人口移動報告」より作成。

とで、都道府県間人口移動が、どういった地域の間で生じているのかを見ることができる。ここでは内閣府の「地域の経済2018」にならって広域地域を定義し、その地域間の人口移動を集計した。図 7 – 5 はそのうち 2 つの地域を取り上げ、そこからどこに移住したのかを割合で示している。なお、ここでの移動は都道府県間の移動のみを数えており、都道府県内の移動は含んでいない。

　北海道・東北からの移動を見ると、移動先の都道府県が、北海道・東北である人の割合と、南関東である人の割合が高いことがわかる。九州・沖縄からの移動を見ると、移動先の都道府県が、九州・沖縄である人の割合と、南関東である人の割合が高いことがわかる。こうしたパターンは他の広域地域でも同様に観察され、基本的に、同一広域地域内の都道府県への移動と、南関東への移動が多くなっている。要は、近隣の都道府県への移動と、東京方面への移動が多いのである。

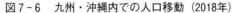

図7-6　九州・沖縄内での人口移動（2018年）

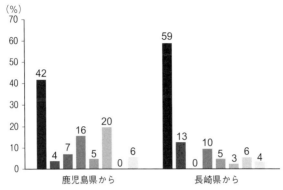

（注）左から、福岡県、佐賀県、長崎県、熊本県、大分県、宮崎県、鹿児島県、沖縄県の割合を示す。
（出所）総務省統計局「住民基本台帳人口移動報告」より作成。

　さらに、広域地域の中でも似たような傾向が見られる。たとえば、九州・沖縄内部での県間人口移動をみると、近隣の県への移動と、福岡への移動が多い。図7-6はこの様子を、鹿児島と長崎について見たものである。

　図7-6は、それぞれ鹿児島と長崎から九州・沖縄内の県への移動者の総数に占める、各県への移動者数の割合を示している。鹿児島をみると、宮崎と熊本への移動、そして、福岡への移動者が多い。長崎をみると、佐賀と熊本への移動、そして、福岡への移動が多い。こうした傾向は九州・沖縄内の他の県でも同様に見られる。要は、近隣の県への移動と九州・沖縄の経済の中心である福岡への移動が多いのである。

　さらに、もっと単位を小さくして都道府県内をみると、近隣の市区町村への移動と、その都道府県庁所在地への移動が多ことを確認できる。このように、さまざまな階層で、近隣の場所と、そ

の階層の政治経済の中心地への移動が多くなっているのである。

4　都市化の功罪

　日本の人口移動の様子を見ると、近隣の場所への移動と、政治経済の中心への移動が多くなっていることが確認できた。前者は移動しやすいから、という理解が可能であるが、後者はもう少し複雑な事情がありそうである。それ以上に、そもそもどのようにしてその中心が生じたのか、も不思議である。東京や大阪、名古屋のようにきわめて多くの人が集中する場所がなぜ現れるのであろうか。ここでは、人口集中を生み出すメカニズムについて概観し、その結果生じうる問題について整理してみよう。

都市化を説明する：比較優位、規模の経済、公共財

　古くから経済学で知られている概念の中にも、人や産業の集中がなぜ起きるのかについてのアイデアを見ることができる。まず有名なのが、第6章でも説明した比較優位である。ある行動をとるときに、それによってあきらめなければならない価値のことを機会費用と呼ぶが、他の人と比べたときに、相対的に機会費用が安いことを、比較優位を持つ、という。比較優位を持つことに特化して、それで生み出したものをお互いに交換することで、全体で利用可能な財やサービスの総量を増やすことができるということが知られている。これが地域レベルで起きると、ある特定の産業がある場所に集中するということが起きる。

　次に、規模の経済も重要である。たとえば工業製品を作るための工場を建設するには大規模投資が必要であるが、いったんそれ

を建設してしまえば、設備の許容範囲内であれば、作れば作るほど製品1単位当りの生産費用は下がっていく。これを規模の経済と呼ぶが、当然大規模投資が行われた場所に人や生産活動が集まるため、規模の経済も人口集中を生む可能性がある。

　さらに、行政や教育といった、いわゆる公共財と呼ばれるものも集中をもたらす。公共財は、市場に任せていては供給されないので、政府が供給する必要がある。すると、行政機能が集まっているところが公共財を消費しやすい場所になり、そうした公共財を必要とする人々の集中をもたらす。

都市の巨大化を説明する：集積の経済と不経済

　以上の要因は、それなりの規模の都市の説明にはなるが、東京や大阪などのように、いろいろな産業が集まって、どの産業が支配的なのかがわからないような巨大な都市の説明としては十分ではない。こうした大規模な都市の成立を理解するために重要になるのが「集積の経済」という考え方である。これは、さまざまな経済主体が1箇所に集まることで生じる外部経済の総称である。外部経済とは、経済主体が意図せず、市場取引を介さずに他の人に与える良い影響のことで、人が集まることにより起きる外部経済を集積の経済と呼ぶ。つまり、人が集まることで、意図せず、お互いメリットを享受しているというわけである。こうした集積の経済があれば、人や企業の累積的な集積プロセスが生じて、大都市を生み出す可能性があることがわかっている。

　では、集積の経済はどのように生じるのであろうか。ここではよく知られているメカニズムをいくつか紹介する。まず、労働市場に関わる効果で、労働者の持つスキルと企業が要求するスキルとの相性が問題になる場合に生じる。たとえばシリコンバレーの

ように、非常に特殊なスキルを持った人たちが集まっていて、それを活かせる企業があるとする。すると、両者がうまく出会うことができれば非常に高い生産性が達成できるが、そうでなければスキルを活かすことができない。すると、人や企業が特定の場所に集まることで、散らばってお互いを探すよりも効率的に理想の相手に出会える可能性が高くなり、それが生産性の向上に寄与するのである。これと関連して、これもシリコンバレーが例としてよく上がるが、さまざまな考え方やスキルを持った人が集まって交流すると、イノベーションが活発になることも集積の経済の1つである。

次に、取引費用の存在も集積の経済をもたらす。他の企業と取引をしたい企業にとっては、企業が集まっている場所に立地することで取引費用を節約できる。この企業が、他企業が集まる場所に立地することは、他の企業から見ても取引費用の節約につながる。こうした他企業の取引費用節約効果は意図せざる効果であるので、外部経済となる。技術の発達とともに、離れていても円滑な取引ができる可能性は高くなっているが、それでも、実際に会わなければできない話も多く、近隣にいることで節約できる取引費用はまだ重要であるといえる。

日常生活に関連がある集積の経済として、財やサービスの多様性が挙げられる。これは、消費についてはイメージしやすい。たとえば、東京のような大きな都市に行くと、多数の店があるため、多様な財やサービスを享受することが可能で、その中から自分の好みにあったものを探すことができる。店が少ないところでは、標準的なものは利用可能でも、自分の好みにあったものをみつけられる可能性は低い。すると、同じお金を持っていても、消費活動から得られる満足度は大都市で店の多いところの方が高くなるのである。生産面でも、企業が自らの生産活動に必要なサービス

や人材を調達する際に多様性のメリットを享受できる。

　最後に、大都市ではリスク分散が可能になる点も重要である。潜在的な取引相手が多数いれば、複数の取引先と取引することによりショックの影響を軽減できる。一部の取引相手が良くないショックにみまわれたとしても、他の取引相手は無事である可能性がある。多様な取引先があると、リスクをうまく分散でき、雇用調整や在庫費用の節約につながるのである。

　以上のような集積の経済があると、累積的なプロセスが生じて非常に大きな都市が形成される可能性があることが知られている。例として、消費の多様性から生じる集積の経済を考えてみよう。ある場所で多くの種類の消費財が提供されているとする。すると、そこに行って暮らした方がいいと多くの人が考え、そこに人が集まる。こうした人口移動によって、人が持つ購買力も動いていくため、そのある場所の市場規模が拡大する。すると、市場規模の拡大がますます多くの企業を惹き付け、そこで消費可能な財やサービスの種類を増やすことになる。こうしたプロセスがうまく累積的に働くと、ものすごく強い力となって大規模な都市が発生することがわかっている。

　このように、さまざまな要因で人口集中が生じる可能性があり、そのメリットも大きいと考えられる。しかし、人口集中にはメリットばかりではなく、デメリットも存在する。まず、土地はそんなに簡単に増やすことができないため、人が特定の場所に集まればその地価や地代、ひいては、住宅価格や家賃といったものが上がってしまう。これは、土地や家を持っている人にとっては資産価値の上昇になり、歓迎すべきことであるが、持っていない人にとっては、土地や家を借りる費用の上昇になり、忌避すべきことである。次に、人口集中により発生する通勤費用の増加や混雑はおおむねどのような人にとってもデメリットとなる。通勤にかか

る費用には金銭費用と時間費用があり、前者は電車会社の収入になるが、後者は純粋な損失になる。また混雑も人口集中のデメリットと考えられる。こうした人口集中のデメリットを「混雑の不経済」と呼ぶ。

最適都市規模

　ここまで紹介した人口集中のメリット、デメリットのバランスにより都市規模が決まると考えられるが、その決定プロセスの概略を簡単に紹介しよう。集積の経済による便益は、都市人口に伴って増えていくが、無尽蔵に増えるのではなく、どこか頭打ちになると考えられる。一方で、混雑の不経済による費用は、都市人口に伴って増えるだけでなく、その増え方が大きくなると考えられる。これは日常生活での混雑を思い描くと理解しやすい。たとえば、自分が電車に乗ることを想像すると、空いた電車に乗るときは混雑への影響はほぼない。ところが、すでにすし詰めの状態になっている電車に乗るときには、自分も苦しいが、すでに乗っている人にも圧迫感を加えることになり、大きな苦痛を大勢にもたらしてしまう。人が増えて混雑を悪化させることで生じる追加費用は、人口規模に伴って増えていくと考えられるのである。

　図7-7の左側は、こうした集積の経済による便益と混雑の不経済による費用とを、都市人口に対応させて描いたものである。

　両者がこのような形をしているのであれば、全体として見たときの都市への人口集中がもたらす便益と費用の差、つまり、純便益は、図7-7の右側で描かれているように山の形をしていると考えられる。この山の形をした純便益のグラフをもとにして、人が移動するメカニズムをいろいろと考えていくと、結局人の移動が起きなくなって、しかもその状態がずっと長続きするであろう、

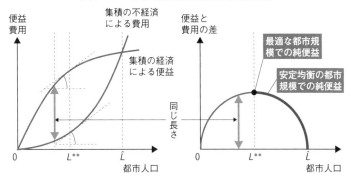

図7-7 都市規模決定と最適都市規模

と考えられる状態（これを安定均衡と呼ぶ）というのは、（高々1つの例外を除いて）山の右半分の右下がりになっているところのどこかになる、ということがわかっている。この右下がりになっているところに落ち着いてしまうということは、都市人口をもうちょっと減らすことができれば純便益を増やせることを意味する。この山のてっぺんが、純便益が一番大きくなるところであり、できれば達成したい状況であるが、そこがたまたま安定均衡になる可能性はきわめて低い。つまり、自由に人々が移動し、介入する政府のような存在がなければ、都市規模は大きくなりすぎる傾向が強いと考えられるのである。

ヘンリー＝ジョージ定理と最適都市規模

　では、実際の日本の都市ではどうなっていると考えられるであろうか。今現在、日本では1950〜70年代の高度経済成長期に比べれば少なくなったものの、まだ人口移動が起きている。ということは、人口移動が落ち着いた状態である、右下がりの領域にいる

かどうか判別できない。そこで、集積の経済の便益と、混雑の不経済の費用とを比べて、最適な都市規模が達成されているかを吟味する試みが行われてきた。そこで利用された有名な定理が、最初に考えた人の名前をとって「ヘンリー＝ジョージ定理」と呼ばれる定理である。

　一般に、外部経済・不経済は、それに見合った税とか補助金を設定することで、それがもたらす非効率性を解消できることがわかっていて、そうしたうまく設定した税金や補助金を「ピグー税／補助金」と呼ぶ。そのピグー税／補助金をうまく使うと都市規模が最適かどうか確認できる。結果だけ紹介すると、ヘンリー＝ジョージ定理とは、「都市規模が最適ならば、先ほどの集積の経済の外部性に対するピグー補助金の総額が都市圏の地代総額に等しい」というものである。一方、都市規模が過大だったら地代総額がピグー補助金額より大きくなる。

　金本（2006）はこれを実際に検証した研究である。残念ながら地代のデータは日本では少なく、地価のデータを用いて検証を行っているため、ヘンリー＝ジョージ定理と直接対応させることは難しいが、ある程度の参考にはなると考えられる。地価は、土地をずっと使った場合の価値を今の価値に割り引きながら合計した数字で、いわゆるストックの価格であり、地代は土地を一定期間利用した場合の価値で、フローの価格である。したがって、地価と地代とは密接に関係するが、大きな差がある。両者を結びつける完璧な方法はないので、この研究では次善の方策として、地価総額とピグー補助金総額を比べて、絶対水準でどの都市が過大になっているかではなく、相対的にどの都市が過大になっている可能性が高いかを吟味している。そして、この地価総額とピグー補助金総額の比を、東京、大阪、名古屋をはじめとする大都市圏について求めて比べた結果、東京、大阪あたりは、それらより小さ

な大都市圏に比べてこの比率が非常に高くなっていることを示した。この数字が大きいほど、過大な都市になっている可能性が高いわけであるから、この結果を見た限りでは東京や大阪は他の都市に比べると大きくなりすぎている可能性が高いと思われる。

5 おわりに

　以上で見てきたように、都市経済学は、なぜ都市が成立するのか、そして、都市ではどのような問題が生じうるのかを経済学の手法を用いて考察し、実際の都市ではどうなっているのかをデータから検証する分野である。

　国土が狭く、東京や大阪にきわめて大きな都市を抱える日本では、こうした研究の重要性は非常に高いといえるであろう。

次のステップに向けて

　本章の内容をさらに勉強したい場合は、①、②の教科書が多くの話題を扱っており、都市経済学という分野の概要を眺めるのに有用であろう。

① 佐藤泰裕（2014）『都市・地域経済学への招待状』有斐閣

② 黒田達朗・田渕隆俊・中村良平（2008）『都市と地域の経済学（新版）』有斐閣

また、外国の事例を用いた教科書としては、③が有用である。

③ Brueckner, J. K.（2011）*Lectures on Urban Economics*, MIT Press

さらなる学習としては、これらの教科書を読んだ後に、その中で紹介されている、より特色のある教科書や上級の教科書を読むことをお薦めする。

参考文献

金本良嗣（2006）「東京は過大か」『住宅土地経済』62: 12-20。
鬼頭宏（2000）『人口から読む日本の歴史』講談社学術文庫。
United Nations（2017）World Population Prospects 2017.

08

〈 産業組織論 〉

理論と現実に根ざした応用ミクロ分析

大橋　弘

テーマ

消費者・企業行動の理論、データ、
制度分析の合わせ技で現実を解明

具体例

再生エネルギー買取制度の是非

1　はじめに

産業組織論とは

　本章で紹介する産業組織論とは、企業や消費者の行動を考察することで現実における市場の競争状態や産業構造の理解を深める分野であり、ミクロ経済学を学問的な基礎としている。入門レベルのミクロ経済学では、市場競争として完全競争と独占を最初に学ぶが、私たちが日常生活で目にするのは、その中間的な形態である「寡占」（少数の企業が競争する状況）である。産業や市場の実態の解明を目的にする産業組織論では、寡占を分析の対象としている。

　東京大学で産業組織論が科目として開講されたのは1970年と比較的古いものの、産業組織論の認知度はわが国ではまだまだ萌芽期といえる。他方で、海外では IO（産業組織論〔Industrial Organization〕の略称）の知見を活かしたコンサルティング企業が驚くほど多く存在する。

　コンサルティングというと、経営学と近いような印象を受けるかもしれない。それでは、経済学の一分野である産業組織論と経営学とはどこが異なるのだろうか。経営学の主な分析対象は、マーケティングや消費者行動、企業の戦略・組織である。それら経営学分野と産業組織論が特に異なるのは、競争政策や規制政策といった政策の側面が、後者の関心の大きなウェイトを占めている点だ。個別の消費者や企業の行動だけでなく、各経済主体の行動に対する考察をふまえて、どのような政策体系をデザインすべきか、すでに実施された政策をどのように評価するか、評価の結果、政策が社会厚生の増進につながっているか、つながっていないとすれば社会厚生を増進させるために望ましい代替的な政策とは何か、といったテーマが議論の中心となる。

産業組織論の起源

　産業組織論のそもそもの起源は、19世紀頃のアメリカにおける巨大企業の存在と密接に関係している。当時は産業ごとに支配的な巨大企業が存在していた。たとえば、エネルギー分野ではスタンダード・オイル、通信分野ではベル電話会社といった企業が、それぞれの分野で独占に近い地位を占め、場合によっては他の企業とカルテルを結んでいるとされた。こうした企業は政治への影響力も持っていたため、企業の反競争的な行為を規制する手段が法律も含めて何1つ存在せず、消費者が競争の歪みの中で被害者である時代が続いていた。

　こうした問題に対して反発する社会の声を受けて日の目を見た法律が、1890年に制定された「シャーマン法」である。わが国では戦後1947年に、GHQ によってシャーマン法に相当する法律が、「独占禁止法」（略して「独禁法」）という名のもとに制定された。現在では世界の多くの国々で同様の目的を持つ法律が制定されている[1]。

　こうした状況下で、競争法が問題とする市場競争の歪みが、いかにして企業の反競争的な行為によってもたらされているのか、そしてこの反競争的な行為を解消する方法・政策手段が何かを分析する学問として、産業組織論が本格的に花開いた。そういう点で、産業組織論はそもそも実務的な関心に近い分野である。消費者や企業の行動、市場の状況を分析し、どのような問題が現実として起きているのか、社会厚生の観点から望ましい状態と比べて現実がどの程度乖離しているのかを明らかにし、政策や規制などの対応策を提案することを、産業組織論は目的としている。生産者視点の競争政策前夜の世界から消費者視点の競争政策導入後の世界への大きな転換において、産業組織論が果たした役割は大きい。

たとえば、最近のわが国における携帯電話市場を例にとれば、2019年現在の実質的な3社体制（本章執筆時点では、楽天モバイルはいまだ本格的なサービス提供をしていない）という市場構造は社会的によい状況といえるのか。よい状況でないのであれば、いったいどのような対策が必要となるのか。あるいはエネルギー市場であれば、東日本大震災後に原子力発電の割合が急減し、代わって「再生可能エネルギー」（以下、再エネ）の導入が政策として進められる中で、従来一般電気事業者が10社存在していた電力市場に対して、競争的な環境をどのように整備したらよいのか。こうした問いに対して、産業組織論は解答を与えようとする。

理論による理解と定量的な検証

　冒頭で述べたように、産業組織論の理論的な基礎はミクロ経済学にある。とはいえ、先ほど取り上げた携帯電話産業やエネルギー産業の事例は、いずれも完全競争市場や独占とは異なる「寡占」という状況である。現実の経済活動を理解しようとする産業組織論では、まず寡占の理論に基づいて議論をする。そのうえで業界や産業に特有な、現実を考える際に無視することのできない制度や商慣習といった点もふまえることになる。たとえば、携帯電話の契約における、いわゆる「複数年縛り」は、消費者に対する契約慣行としては独特といえるだろう。こうした個別の制度・商慣習の仕組みや成立の背景を理解することも重要である。

　加えて、生じている問題のインパクトがどの程度のものかを把握する視点も欠かせない。理論分析では、問題の有無に注目する場合も多いが、より重要なのは、問題の大きさである。事態がどの程度深刻なのかを定量的に把握し、政策によって達成されるメリットと、政策を実施することのコストとの比較考量もふまえた

議論を行うことが求められる。政策現場では、政策を実施すべきか否かという次元で悩むよりは、選択可能な政策オプションの中で、どの政策オプションを選ぶことが適切なのかを判断することがより重要だからである。

　そのためには、具体的な「数字」を示さなければ、そもそも議論にならない。定性的な議論だけでは、実施すべきという主張と実施すべきではないという主張は平行線のままで、結局何も決まらず現状維持ということにもなりかねない。そのため、現実のデータを用いた定量的な分析に基づいて、議論の落としどころの目安を数字で「見える化」することが重要である。その際に重要な役割を果たすのが、実証分析となる。

　このように、ある政策に関して有意義な議論をするためには、⑴制度の理解、⑵理論に対する理解、⑶実証分析に基づく定量的な知見の３つのすべてが必要となる。これら３つの要素がベースにあって、そのうえに競争法や規制などの政策の理解を積み上げるというのが、産業組織論が現実に適用されるときの姿だといえる。

2　再エネ買取制度の是非

　本節以降では、産業組織論の分析ツールを具体的に紹介するために再エネを例にとって説明したい。

再エネの重要性

　2011年の東日本大震災前後に、それまで一定程度のシェアを占めていた原子力発電は、震災以降その供給力が急減している。他

方で、石油や石炭については、その二酸化炭素（以下、CO_2と同義）の排出量を鑑みると、環境の面での懸念の声が強い。そこで再エネに対する期待が高まることになる。

　こうした中、わが国で実施されたのが買取制度だ。再エネには、太陽光、風力に加えて、水力、地熱、バイオマスが含まれるが、それら再エネ電源から発電された電気を電力事業者が買い取る制度が買取制度である。買い取る費用は、私たち電気の消費者が支払う電気料金に上乗せされて回収されることになる（各家庭に届く領収書にある「再エネ発電賦課金」という項目が買い取り費用に相当する。なお企業などの産業用需要家も再エネ発電賦課金を支払っている）。再エネ発電者に対しては、発電量の単位であるkWh（キロワットアワー）当たりで固定的に価格づけされており、発電量に応じて発電者が利益を得る仕組みとなっている。

　価格は、たとえば住宅用太陽光発電では、制度導入時で48円／kWhと設定されていた。これは当時の一般的と考えられていた売電価格のほぼ2倍であり、再エネを発電する金銭的なインセンティブがきわめて高い制度だとわかるだろう。この制度により、太陽光発電のパネルを設置する一般家庭が増えた様子がデータ（図8-1）からも見て取れる[2]。

再エネ買取制度への賛否

　この再エネの買取制度には、これまでさまざまな賛否が寄せられてきた。買取制度によって発電量も増えているので、再エネ普及に買取制度は貢献しているように見える。再エネの普及は、化石由来の燃料を用いるエネルギーが代替されることを意味するので、需要ピーク削減に資する限り[3]は、二酸化炭素排出量の削減に確実につながっているといえるだろう。

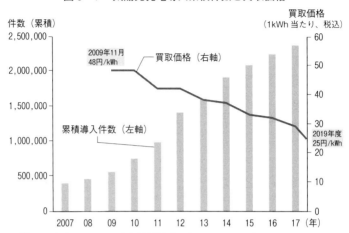

図 8 - 1　太陽光発電導入累積件数と買取価格

（注）買取価格は2015年より出力制御対応機器ありなしで買取価格に違いがあるが、ここでは家庭用（10kW未満）における単純平均価格を記載。
（出所）一般社団法人太陽光発電協会の資料より抜粋して作成。

　他方で、デメリットはないのだろうか。まず考えられるのは、この買取価格の負担は電力需要家が支払う電力料金に上乗せされて賄われているので、再エネ発電のための太陽光パネルを保有しない人も負担を余儀なくされるという点がある。また補助金の支給によって、太陽光パネル市場における競争が歪められ、死荷重が発生しているのではないかという懸念もあるだろう。このように、買取制度にはメリットもデメリットも考えられることから、この点を比較考量することが政策の評価には必要である。しかも、政策の費用対効果に関する評価には、先にも述べたように定量的な把握が求められる。定性的な分析だけでは、メリットとデメリットの大小関係を評価することはしばしば困難だからである。

3　産業組織論の分析ツール：再エネ買取制度の評価

自然実験による政策評価

　本節では、再エネ買取制度の政策評価について解説していく。政策評価を行ううえでまず検討すべきは手法であろう。政策評価のための分析枠組みとしてよく用いられるのは、自然実験だ。しかし、再エネ買取のように全国一律で導入された日本独自の制度においては、適当な対照群（コントロール・グループ）を現実のデータからみつけることは困難である。

　そもそも、再エネ買取制度を評価するために必要となる対照群は、再エネ買取制度が施行されていた時期において、再エネ買取制度の適用を受けていない状況下にあるグループである。制度がないところで、太陽光発電パネルを生産する企業が競争し、パネル価格がどの程度に決まり、その結果としての再エネ普及量と環境負荷の低減効果を定量的に把握したいわけだが、再エネ買取制度が全国一律に導入されている以上、それは現実には起こりえなかった仮想的な世界である。このような想定を「反事実」（「事実に反する」という意味。英語では counter-factual）ともいうが、これは実際には生じなかったバーチャルな世界の話なので、そもそもデータが存在しない。そのため、自然実験を手法として用いることができないのである。

　たとえば、制度や法律が州ごとに作られるアメリカでは、比較可能な異なる州を比べることで制度や法律の効果を見出せる場合がある。他方で、わが国では国レベルで制度が導入される場合が過半なので、政策において制度の効果を測定するうえで、制度の有無を比較可能な状況で見出しにくい。

構造推定による政策評価

　反事実における対照群のデータが存在しない中で、政策の効果をどのように検証できるのだろうか。自然実験を行う医学や薬学とは異なり、経済学ならではのやり方がある。それは、経済学のモデルを用いて、シミュレーションを行う方法だ。この手法は経済モデルという「構造」を用いた政策効果の推定手法という点で「構造推定」（structural estimation）といわれている[4]。

　まず経済学のモデルを使って、再エネ賦課金が太陽光発電などの再エネ発電者に、どのような経済的インセンティブを付与するのか、そしてそのインセンティブを通じて、再エネの発電設備量や発電量がどれだけ普及するのかを考えてみよう。そして、その経済学のモデルの重要なパラメータを、現実のデータを用いて推定するのである。重要なパラメータとは何かは、扱う分析対象によって大いに異なる。分析対象によっては消費者の行動を決める効用関数のパラメータかもしれないし、企業の生産活動に係る費用関数のパラメータかもしれない。こうしたパラメータを現実のデータから推定できれば、経済モデルを用いて、外生的な条件が変化するという仮想的な状況を仮定した場合における均衡値をシミュレーションすることで、本来は存在しえない反事実におけるデータを経済モデルから得ることができるのである。もちろん、反事実におけるシミュレーション結果が信頼に足るものであるためには、推定パラメータを使ったモデルから得られるシミュレーションによって、現実データがきちんと近似できる（つまり推定パラメータのフィットが良い）ことが不可欠である。

　以上をまとめてみよう。買取制度がない場合というのは現実には存在しないわけだが、推定されたパラメータを用いた経済モデルに依拠することによって、仮に買取制度がなかった場合に太陽光発電の普及にどれだけの影響が出るのか、あるいは補助金額が

変わるとどうなるかという反事実におけるシミュレーションができる。この反事実におけるシミュレーションの結果と、買取制度がある現実データとの差異が、買取制度の効果ということになる。

ところで、読者の皆さんは「デジタル・ツイン」という言葉をご存知だろうか。人工知能（AI）などを用いて、現実の世界をバーチャルの世界に再現するものだ。たとえば、シンガポールでは都市全体をまるごとモデル化して都市計画の策定に活かすといった取り組みも行われている[5]。なぜこのデジタル・ツインが重要かというと、それを用いることで、たとえば信号機の配置やベンチの位置を変えると人流の動線がどのように変わるのか、人流に変化が生まれることによって商業活動などにどのような影響が生まれるかをシミュレーションできるためである。このようなことを現実の世界でやろうとすると、交通規制をして信号の位置を変えるなどさまざまな面で莫大なコストがかかるため、安全性などの確保を考えると、実施はなかなか難しい。しかし、現実の世界で行うことができなくても、理論に基づいてデジタル・ツインを作り出すことで、シミュレーションによる解析ができるのである。

構造推定の進め方

それでは、再エネ買取制度を例に、構造推定を用いて「デジタル・ツイン」を組み立ててみよう。再エネにも多様な種類があることを上で触れたが、ここでは簡単化のために、住宅用太陽光発電に特化して解説をしたい。ここでは、次の2段階のステップで分析を進めていく。

第1のステップでは、バーチャルな世界の土台を再現するという作業である。つまり、理論に基づいて経済モデルを構築し、それに現実のデータを適用してモデルの中心的なパラメータを推定

する。

　第2のステップでは、第1ステップで推定したパラメータを使って、仮想的な状況を経済モデルを使ってシミュレーションする。シミュレーションの内容はさまざまだ。たとえば、買取価格が導入されなかった場合や、導入時単価である48円ではなく、その半額になっていた場合といった状況も仮想的に考えることができる。経済モデルに基づいたシミュレーションを行うことで、制度の変化が及ぼす影響を検証できる。それにより、再エネ普及のインセンティブの変化を通じてパネル普及量にも影響が及ぶ。その結果、二酸化炭素の削減量も変わってくる。そのような中で、消費者や生産者はどれほどの利益を得られるのか。それらを合計した社会厚生にはどんな変化があるのか。これらの問いに対する答えをこのステップでは導出する。

4　第1ステップ：需要と供給の推定

需要の推定

　構造推定の第1ステップから見ていこう。このステップでは、各家庭が太陽光発電パネルをどれだけ購入するかを推定する。いわば需要関数の推定である。需要関数とは、たとえば「単価48円のときに、どの程度の消費者がパネルを購入するか」といった形で、価格と需要量との対応関係を、他の属性情報を条件づけたもとで表現したものだ。需要関数を推定するとは、住宅用パネルの需要量が価格に対してどの程度感応的かを、現実のデータから導くことである。

　家庭が太陽光パネルを購入するにあたって、いくつかの要因が影響を与えると考えられる。ここでは簡単に3つの点に絞って見

ていきたい。1つは、太陽光発電システムの価格である。パネル
は、各家庭の屋根に設置するが、2009年時点では180万円程度だ
ったが、現在このコストは大きく低下している。この設置コスト
が高ければ、買取価格が48円であっても設置しないという選択を
行う家庭が多い。そのため、システム価格は、太陽光発電の需要
にも大きな影響を与える。

　2つめは、住宅用太陽光パネルを設置する家庭が受け取ること
ができる補助金額である。買取制度の補助金が各家庭の電力使用
料から拠出されているのは先に述べた通りだが、各都道府県や市
町村が導入補助を整備している場合もある。そうした補助も、需
要量にプラスの影響を与えるだろう。

　3つめの要因は、各家庭の「属性」である。たとえば、住んで
いる地域によって日照条件が異なっていたり、また所得や家族構
成、住んでいる家の広さや、戸建てかマンションかの違い等、家
庭ごとに属性に違いがある。さらには、環境配慮への意識の違い
も家庭ごとに異なりうるだろう。こうした属性の違いを勘案しな
がら、モデルの重要なパラメータをデータから推定するのである。

　このことを単純な需要関数を一例として表現してみよう。ある
都道府県 j における時点 t での需要関数は、以下のように表され
る。

$$\ln q_{jt} = \alpha \cdot \ln \left(p_{jt}^{sys} - G_{jt} - EV_{jt} \right) + \sum_k \beta_k x_{jkt} + \varepsilon_{jt}$$

ただし

$$EV_{jt} = \left(p_{jt}^{SE} \cdot SE_{jt} + p_{jt}^{BE}(E_{jt} - SE_{jt}) \right) \cdot \frac{(1 - \delta^T)}{1 - \delta}$$

ここで、p_{jt}^{sys} はシステム価格（＝太陽電池モジュール価格 p_{jt} ＋
施工費用等 p_{jt}^{other}）、q_{jt} は j でのシステム導入量（＝太陽電池生産
量）、G_{jt} は補助金、EV_{jt} は将来の電力価値、x_{jkt} はその他の普及

要因である。また、E_{jt} は発電量、SE_{jt} は売電量、p_{jt}^{BE} は電力価格、p_{jt}^{SE} は電力買取価格を示す。

　これはあくまでも参考として示したものであり、対数変換を行わないような他の関数形も当然ありうる。補助金を抜いた実支出は、1つめの式の $\ln\left(p_{jt}^{sys} - G_{jt} - EV_{jt}\right)$ の部分で示されている。ここに着目することで、パネルの設置費用や補助金額が変わると、需要量が α を通じて変わることになる。現実のデータから α の値を推定し、価格に対してどの程度感応的かを推定するのが、第1段階のステップである。紙面の都合もあり、推定結果の詳細はここでは解説できないが、興味のある読者は大橋（2011、2015）、大橋・明城（2010）、Myojo and Ohashi（2018）を参照してほしい。

供給の推定

　需要に関するパラメータがわかったところで、次は太陽光発電システムの供給サイドを見てみよう。システム価格は企業が決め、2009年当時のわが国であれば、パナソニックやシャープなどといった企業である。

　価格は、一般的には2つの要素で決まってくる。1つはシステムを追加的に1単位余計に生産・販売するときの費用であり、「限界費用」と呼ばれる。もう1つは利益幅であって、限界費用にどれだけの利益を上乗せできるかという点で、「マークアップ」と呼ばれ、この2つを合計して、システム価格となる。もちろん、後者がマイナスになれば、原価割れの価格設定となる。システム価格を知るためには、この2つの要素がそれぞれどのような経済的メカニズムで決まるのかを知る必要がある。

　なお、後者の利益幅は企業が置かれている競争環境によって決

まる。企業間の競争がまったくなければ、需要の価格弾力性によっては限界費用に思いきりマークアップを上乗せできるが、あまりに乗せすぎると誰も買わなくなってしまう。この両者のトレードオフを考慮したうえで独占利益を最大にする価格が設定される。一般的には、市場が独占的な状態から企業数が増えていくと次第に競争が激しくなり、消費者に対して独占的な価格づけをすることができず、他社の価格設定なども考慮しなければならなくなってくるため、利益幅は減ると考えられるだろう[6]。

　費用の構造は、産業によってもさまざまだ。太陽光発電パネルの世界はどうだろうか。パネルは半導体でできているが、その生産構造において「学習効果」が重要だといわれている。学習効果とは、生産をすればするほど、経験が蓄積されてコストが低下し、性能がよくなるという現象である。需要と同様にこれらの関係も供給関数として表現することができ、その関数を推定することで費用構造、つまり限界費用とそれに上乗せする利益幅（マークアップ）の構造を明らかにできる。

　モデルや推定結果については詳しく説明しないが、結果を実際に見てみると、学習効果がどの程度かがわかる。Myojo and Ohashi（2018）の分析結果では、学習効果はあまり大きくないという結果が得られている。

5　第2ステップ：需要と供給に基づくシミュレーション

さまざまなシナリオ設定

　さて、こうして消費者が太陽光パネルを購入する動機を示す需要関数と、パネルを供給する企業がどのように生産して価格設定をするかを示す供給関数の2つが、第1ステップでデータから推

定できることがわかった。需要と供給がわかれば、両者の市場均衡でパネルの均衡普及量と、そのときの均衡価格を知ることができる。最も単純な想定は完全競争市場だが、寡占市場の想定でも同様に分析が可能だ。

第1ステップで推定された基礎的な経済構造が変わらないと想定したうえで、もし買取制度がなかった場合に太陽光発電の普及量がどれほどになっていたか、などといった政策シナリオに基づく仮想的な「実験」をシミュレーションという形で行うことができる。政策評価を行うにあたっては、買取制度が導入されているケースのデータはあるが、買取制度のない反事実の世界におけるデータは存在しない。この点に自然実験の手法を用いることの限界があったわけだが、ここでの構造推定では先に構築した経済モデルにより、どのようなメカニズムで消費者が太陽光発電パネルを需要し、企業が価格設定を行うかということは明らかになっている。それを用いることで、現実には存在しない仮想的な世界のデータをシミュレーションで生成できるというのが、構造推定アプローチの強みである。まさに、デジタル・ツインを作り出すような作業といえる。

シミュレーションができない場合、構造推定によらないとすれば、現実にない状況をいちいち実験によって実際に作り出さなければならない。構造推定の世界では、現実を反映したモデルを推定するというステップをはさんでいるので、そこで作り出されたバーチャルな世界で実験を行うことができるということである。

これまで議論してきた住宅用太陽光発電に対する買取制度を対象に、この「買取制度」が導入された2009年時点におけるデータを用いて、その時点におけるシミュレーションを検討する。太陽光発電システムの限界費用に関して以下の3つのシナリオを設定

し、太陽光発電の普及に関するシミュレーションを行った。

シナリオ (A)：買取価格を「買取制度」開始以前の24円 /kWh で一定とする。太陽光発電の生産にかかる限界費用は2007年時点のレベルで2020年まで不変とする。

シナリオ (B)：買取価格を「買取制度」開始時の48円 /kWh で一定とする。太陽光発電の生産にかかる限界費用は2009年から5年間に2007年のレベルの半分まで低下し（年率換算で13%の下落）、それ以降はその水準で一定とする。

シナリオ (C)：買取価格は2009年から5年の間に年6円ずつ低下し、2014年以降は24円 /kWh で一定とする。太陽光発電の生産にかかる限界費用は2009年から5年間に2007年のレベルの半分まで低下し（年率換算で13%の下落）、それ以降はその水準で一定とする。

その他、シミュレーションを行うための仮定として、太陽電池市場への新規参入や退出はないものとした。また、住宅用太陽光発電への国の補助金は2008年と同じ7万円 /kW で以降も継続的に給付され、マクロ変数もシミュレーションの期間を通じて2007年の値と同様とした。なお需要関数のトレンドについては以降も一定で続くものとした。

二酸化炭素排出量に関するシミュレーション[7]

太陽光発電に対して政策的に補助金を付与する経済学的な理由の1つは、太陽光発電の普及において何らかの正の外部性が存在するからだ。太陽光発電の普及によって従来の火力発電を主体とした発電が抑制されるため CO_2 排出量が削減される。

2009年時点において、太陽光発電のライフサイクル（20年間）

表8-1 「買取制度」の費用対効果

	① ΔCO₂削減量の経済価値ª			② Δ消費者余剰ᵉ	③ Δ生産者余剰ᶠ
	1212円/トンᵇ	3044円/トンᶜ	10882円/トンᵈ		
(B)−(A)	56.2	141.3	505.0	1123.0	276.5
(C)−(A)	25.6	64.3	229.9	511.3	120.3

	④ Δ余剰電力の買取費用ᵍ	Δ社会余剰 (①+②+③−④)		
		1212円/トンᵇ	3044円/トンᶜ	10882円/トンᵈ
(B)−(A)	1118.0	337.8	422.8	786.5
(C)−(A)	188.9	468.4	507.1	672.7

(注) 数値はすべて新たな余剰電力買取制度がない場合（シナリオ A）との差額。割引率は
1.00を用いて計算している（単位：100億円）。
a: 2010～20年導入分の CO₂削減効果（20年分）を経済価値に変換したもの。
b: 2005～07年の自主参加型 CO₂排出権取引の平均値。
c: CO₂によって環境がダメージを受ける金額（$93/$t$−C$）。Tol（2005）より。
d: 「2050日本低炭素社会シナリオ：温室効果ガス70％削減可能性検討」（http://2050.
nies.go.jp/press/070215/index.html）における上限値。
e: 2010～20年の消費者余剰の総計。
f: 2010～20年の生産者余剰の総計。生産者余剰には太陽電池メーカー、周辺機器、施工
業者の利潤を含む。
g: 2010～20年導入分の余剰電力買取に必要となる追加費用額。

における CO₂排出原単位は58.6g/kWh であり、電力全体の平均
の排出原単位445.6g/kWh に比べ、電力 1 kWh 当たり387.0g の
CO₂削減効果がある。この CO₂削減効果がどれだけの経済価値を
持つかについては、CO₂の価値をどのように評価するかによって
左右される。ここでは CO₂削減効果の価値を、(1)CO₂削減枠の
市場取引額（1212円／トン）、(2)CO₂の社会的費用負担の平均値
（3044円／トン）、(3)CO₂削減費用の上限値（1万882円／トン）
の 3 つの推定値を用いて評価した。

さらに、「買取制度」の費用対効果を考えるため、各シナリオ
で達成される社会厚生（すなわち消費者余剰、生産者余剰、CO₂
削減効果の経済価値の和から電力買取費用を差し引いたもの）を

求めた。ここでは比較対象として「買取制度」が導入されずに生産コストも下がらないケース（シナリオ(A)）を基準として、「買取制度」がある場合のシナリオ(B)、(C)における社会厚生の比較を行った。コストが下がらない場合(A)を比較対象とする理由は、「買取制度」の導入により太陽光発電産業での設備投資が促され、その結果として太陽光発電システムの生産コストが低減するだろうとの想定による。もちろんこの仮定を置くことにより、「買取制度」の効果を過大に見積られる可能性があることに注意が必要だ。

表8-1の結果において、いずれのシナリオも「買取制度」が社会厚生に与える影響はプラスになった。併せて生産コストがどれだけ低下するかも、「買取制度」を評価するうえでの重要な要素であることもわかる。

6　おわりに

構造推定のメリット

本章で最も伝えたかったのは、現代の産業組織論における強力な分析ツールである構造推定の分析方法と、そのメリットについてである。構造推定は経済理論、制度的背景、そして実証分析の３つが揃ってはじめて可能となる合わせ技のようなアプローチだ。経済理論に基づいて消費者の行動を示す需要関数、企業に関する供給関数を想定するためには経済学の理論を学ぶことが必要となる。

もう１つ重要なのは、理論を現実に適用するためには、その背景にある制度を理解することである。たとえば、本分析の場合は、「買取制度」とは何かということを知らなければならない。それらの制度的な要因をふまえたうえでデータを見る。そのようにデ

ータを見ることで、理論とデータを突き合わせて構造モデルを構築する。制度の知識をふまえて、消費者行動と企業行動のモデルがデータからどのように推定できるかを明らかにして初めて、仮想的な実験を行うことができる。本分析の結果に基づけば、政府に対して、どの程度の補助金設定が望ましいか、といったより具体的な提案をすることが可能である。また、本章は国の政策を例として扱ったが、企業のマーケティング戦略についても同様のアプローチでシミュレーションすることができる。たとえば、環境性能の良い製品を普及させるためには、どのような環境規制のもとで、どのようなマーケティングのツール（たとえば広告戦略や価格戦略）を用いるべきか、といった問いに答えることができる。

　いずれにせよ、経済モデルと現実の制度を組み合わせることで現実には起こらなかったシナリオに基づいて、シミュレーションを通じた実験を行うことができるようになる。そして、そのような実験が具体的な政策提案につながるのである。これはある意味で、デジタル・ツインを作ることでもあり、経済学でもそれが可能なのである。

　構造推定は、理論、制度、実証ががっちり組み合わさった政策評価手法であり、最も経済学の強みが反映されるアプローチであるといえるだろう。

　最後に注意点を述べておこう。構造推定は、モデルを用いるだけにモデルの仮定に依存せざるをえない。仮定の中には検証できるものもあるが、検証できないものもある。その点で、緩やかな仮定を用いる自然実験での知見も使えるところは補完的に用いながら、結果の頑強性について謙虚に確認をしていく作業が重要である。

環境政策の視点から

　環境政策について関心をお持ちの方のために、環境政策的な議論についてもまとめておきたい。本章で紹介した事例は、環境政策全体の中では非常に狭い部分に焦点を当てた議論であった。しかし、二酸化炭素排出量の削減という目的に照らした場合に、住宅用太陽光発電の買取制度が、他の代替的な手段と比べて本当に効率的なものなのかどうかを精査する必要がある。

　買取制度以外にも、政策手段はいくつか存在する。1つは省エネ政策である。効率の良い製品を供給することを通じて二酸化炭素排出量を削減することも可能である。たとえばクーラーなども、購入後10年経ったものであれば、新製品に買い換えた方がかなりのCO_2排出量削減につながる。このように新設備の導入を支援するといった形で省エネ政策を実施し二酸化炭素排出量を減らすことを考えるのも1つの手段である。

　また、本章では再エネを通じた施策を議論したが、二酸化炭素排出量の削減を考えた場合には、エネルギー以外のセクターも含めたより包括的な削減政策を設計することも重要である。たとえば、二酸化炭素を多く排出するものに課税を行うといった手段があり、これは「カーボン・プライシング（炭素税）」と呼ばれる。いわば二酸化炭素を「見える化」して、その排出量に応じた課税をするのである。それに対して買取制度は、二酸化炭素を排出しない発電手段に補助金を与えるという仕組みであるから、カーボン・プライシングとは表裏の関係にあるといえる。本章で見たように、買取制度はある程度対象を絞った政策になる一方で、カーボン・プライシングは二酸化炭素の排出全般に課税を行おうというものであるから、より包括的な手段だといえる。もし二酸化炭素の排出削減を第1の目的と考えるのであれば、カーボン・プライシングの方がより効率的な政策手段だろう。

ただ、買取制度を廃止してカーボン・プライシングを導入するといった政策を実施しようとしても、買取制度のもとで利益を得ている人たちはなかなか納得しないだろう。こうした制度変更では、これまで買取制度のもとで再エネを発電していた人たちが補助金をもらえなくなり、今度は二酸化炭素を出している人たちに対して税を課す形になる。つまり、受益と負担の考え方がまったく変わってしまうのである。そうした政策をどのようにして社会全体で進めていくかという論点も非常に重要である。いくら経済学的に正しいといっても、ステークホルダーの理解を得られなければ、政策は実現不可能となり、単なる「絵にかいた餅」同然となる。社会的な合意を得るためにも、経済学に基づいてその政策メリットを定量的に評価し、目に見える形で示しながら説得するということも、大切である。

　さらに、本章は国内に閉じた議論であったが、地球温暖化問題という視点で考えると、国内だけに目を向けているのでは不十分だ。地球規模で考えると、日本の二酸化炭素排出量の世界シェアは４％程度である。その４％のうち20％を減らしたとしても、世界全体の二酸化炭素排出量の総量に対する影響は微々たるものだ。二酸化炭素の削減費用を全世界で均等化することが地球全体での効率的な削除手法であることを考えれば、わが国で20％減らすよりも、より排出量の多いインドや中国で同率だけ減らす方が、よほど効率的だとも考えられないだろうか。排出量の多い国に対してより排出を減らしてもらうようにするのであれば、わが国の環境技術の輸出などの国際貢献の方が有効かもしれない。国内で二酸化炭素排出量を減らすことだけを一生懸命考えるのではなく、海外も視野に入れて、地球規模で考えていくことも重要だろう。

次のステップに向けて

少し目線を高くして海外の文献も含めて紹介をしてみたい。本書の次の段階として、質・量ともに適当な教科書として、①が挙げられるだろう。ネットワーク効果など最近のトピックも取り上げている。やや発行年が古いものの、②も良書である（PDF がフリーでダウンロードできる〔https://edisciplinas.usp.br/pluginfile.php/544042/mod_resource/content/1/ChurchWare.pdf〕。規制や競争政策の基本的な文献として、③がある。

① Cabral, L.（2017）*Introduction to Industrial Organization,* 2nd ed., MIT Press

② Church, J. and R. Ware（2000）*Industrial Organization:* A *Strategic Approach*, McGraw-Hill

③ Viscusi, W. K., J. E. Harrington and D. E. Sappington（2018）*Economics of Regulation and Antitrust*, MIT Press

日本語の読み物としては④、教科書としては⑤、⑥がよいだろう。

④ ジャン・ティロール（2018）『良き社会のための経済学』村井章子訳、日本経済新聞出版社

⑤ 花薗誠（2018）『産業組織とビジネスの経済学』有斐閣

⑥ 小田切宏之（2019）『産業組織論──理論・戦略・政策を学ぶ』有斐閣

学部上級・大学院レベルとして、やや理論に片寄るが、⑦が昔からの定番だ。⑦にカバーされていない最近の内容については⑧がよい。

⑦ Tirole, J.（1988）*The Theory of Industrial Organization*, MIT Press

⑧ Bellerflamme, P. and M. Peitz（2015）*Industrial Organization:*

Markets and Strategies, 2nd ed., Cambridge University Press

　独禁法におけるいくつかの具体的な事件を取り上げて、産業組織論と法学との双方の観点から論じたものとして、アメリカについては⑨、日本については⑩がある。

　⑨　Kwoka, J. E. and L. J. White eds. (2018) *The Antitrust Revolution: Economics, Competition, and Policy*, 7th ed., Oxford University Press

　⑩　岡田羊祐・川濵昇・林秀弥編（2017）『独禁法審判決の法と経済学──事例で読み解く日本の競争政策』東京大学出版会

構造推定を用いた分析例としては、⑪や⑫がある。

　⑪　伊神満（2018）『「イノベーターのジレンマ」の経済学的解明』日経 BP

　⑫　大橋弘編（2014）『プロダクト・イノベーションの経済分析』東京大学出版会

政策立案に関するより実務的な観点からの考察としては⑬がある。

　⑬　大橋弘編（2020）『EBPM の経済学──エビデンスを重視した政策立案』東京大学出版会

注
1）以下の本章では、「独禁法」「競争法」「競争政策」はほぼ同義の用語として用いる。
2）固定価格買取制度が導入される2012年7月1日までは、余剰電力買取制度ともいわれた。本章では、余剰電力買取制度を念頭に議論を行うことにする。
3）この点についての詳細は専門的になるためにここでは議論しない。たとえば大橋（2015）を参照のこと。
4）自然実験を誘導型推定（reduced-form estimation）ともいう。
5）Virtual Singapore（https://www.smartnation.sg/what-is-smart-nation/initiatives/Urban-Living/virtual-singapore）を参照のこと。
6）ここでは議論しないが、独占や寡占であっても、前提とする仮定（たとえば、

コンテスタビリティを満たす市場）によっては完全競争市場と同じ市場均衡が
成立する場合がある。

7）本項の内容は、大橋（2015）に依拠している。

参考文献

大橋弘（2011）「わが国における全量買い取り制度の課題——太陽光発電に注目し
て」『環境経済・政策研究』4(1): 60-63。

大橋弘（2015）「再生可能エネルギーの経済分析——太陽光発電の大量導入と電力需
要マネジメント」『現代経済学の潮流2015』東洋経済新報社、第2章：31-59。

大橋弘・明城聡（2010）「太陽光発電買取制度の定量分析」『住宅土地経済』78：
29-35。

Myojo, S. and H. Ohashi (2018) "Effects of Consumer Subsidies for Renewable
Energy on Industry Growth and Social Welfare: The Case of Solar Photovoltaic
System in Japan," *Journal of the Japanese and International Economics*, 48(C):
55-67.

Tol, R. (2005) "The Marginal Damage Costs of Carbon Dioxide Emissions: An
Assessment of the Uncertainties," *Energy Policy*, 33(16): 2064-2074.

09

〈 開発経済学 〉

世界の貧困削減に挑む

澤田康幸

テーマ

規範的、実証的、そして実践的に
開発問題に貢献する

具体例

途上国の経済発展、貧困、格差

1　はじめに

　本章では、開発途上国の経済発展を研究対象とする分野である開発経済学の背景、対象、分析手法を紹介する。従来の開発経済学は、世界の国々の経済がどのように発展してきたのか（実証的分析）、貧困問題を抱えている国が発展するにはどうすべきか（規範的分析）という問いに答えることを主目的としてきた。最先端の開発経済学は、これらに加えて実際に政策の立案・実施・評価・政策の改善を行うためのエビデンス（科学的証拠）を提供し、このサイクルを繰り返して発展につなげる「実践的分析」を目的としている。

　植民地経営のための研究は植民地の歴史とともに古くから存在したが、植民地支配と戦争の反省を経て開発経済学が始まったのは、第二次世界大戦後（以下、戦後）のことである。1955年にインドネシアの都市バンドンで開催されたアジア・アフリカ会議（バンドン会議）などを経て、かつての植民地が次々と政治的に独立した。特に1960年はアフリカの多くの国々が政治的に独立を果たし、「アフリカの年」と呼ばれている。戦後、「経済的にも独立を果たすにはどうすればよいか」という課題を解決すべく誕生したのが、開発経済学なのである。

　2019年のノーベル経済学賞は、「実践的分析」を切り開いたアビジット・バナジー、エステル・デュフロ、マイケル・クレマーの3名に授与された。2015年の受賞者アンガス・ディートンも、世界における貧困の計測など開発経済学に大きな貢献を行った。この他にも、アーサー・ルイス、サイモン・クズネッツ、グンナー・ミュルダール、セオドア・シュルツ、アマルティア・セン、ジョゼフ・スティグリッツ、ポール・クルーグマン、ポール・ローマーなど、ノーベル経済学賞を受賞した多くの経済学者たちが

開発経済学の発展に尽力してきた。

　本章では、実証・規範・実践の見地から開発経済学を紹介する。まずはアジアに焦点を当てて、経済発展をどのように捉えられるのか、つまり「実証的分析」から見ていこう。

2　実証的分析としての開発経済学

アジアの発展

　開発経済を学ぶうえで、戦後、深刻な貧困問題を抱えながら目覚ましい経済発展を遂げたアジア経済の軌跡をたどることが有益だろう。世界経済を見渡すと、先進国に経済的に追いついている（キャッチアップしている）国々がある一方で、経済が停滞して先進国との格差が拡大している国々も見られる。こうした貧富の差の存在を明らかにし、なぜ豊かになれない国が出てくるのかを調べるのが、開発経済学の目的の1つ、「実証的分析」である。

　経済発展を客観的に捉えるための指標として国内総生産（GDP）があるが、低所得国のGDP統計は必ずしも正確に計測されているわけではない。そこで、衛星から夜の地球を撮影した「夜間光」のデータが、途上国における経済活動の水準を正確に捉える際の指標として、最近よく用いられている。図9-1は、1992年と2010年の衛星画像であるが、明るいほど経済活動が活発であることを示している。1992年の時点では、北米、西ヨーロッパ、日本が特に明るく、約30年前は世界経済には3つの極があったことがわかる。一方、2010年になると、欧米と日本に加えて、中国沿岸部、韓国、インドなど、アジア全体が明るくなっている。つまり、この写真を見ることで、近年のアジアの成長は目覚ましく、アジア全体が世界経済の核になってきているということが読

図9-1　衛星から見た夜間光

1992年

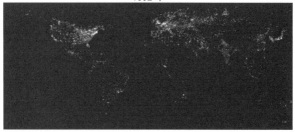

2010年

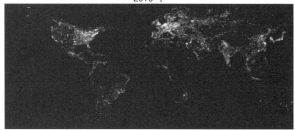

（出所）DMSP OLS Global Composites Version 4, "stable_lights data". National Geophysical Data Center, National Oceanic and Atmospheric Administration（https://ngdc.noaa.gov/eog/maps.html）から抽出。

み取れるのである。

　実際、世界全体のGDPに占めるアジアの割合も上昇しており、図9-2のように2050年までに世界経済の半分をアジア圏が占めるという予測も示されている（Asian Development Bank 2010）。ただし、同じ図9-2をより長期で見ると、かつて中国を中心に繁栄していたアジア経済が過去200年間で落ち込み、それがまた戻りつつあるというサイクルの中にいるとも考えられる。

図 9−2　世界の GDP に占めるアジア経済のシェア

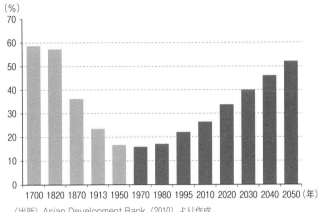

（出所）Asian Development Bank（2010）より作成。

貧困と格差

　各国内の貧困状態や貧富の格差はどうだろうか。国際的には、
1 人 1 日1.9ドルを「貧困線」とし、それ以下の水準で生活して
いる人を「貧困」と定義している。貧困状態にある人が世界でど
の程度いるかを把握するのは非常に難しいが、ここでは世界銀行
が主導してデータを収集、公開している「PovcalNet」を参照す
る[1]。

　アジア全体を見ると、1980年代は非常に多くの人々、特に東ア
ジアは人口の80％以上が貧困状態に陥っていた。しかし、この貧
困は過去30年間の経済成長とともに激減し、いまや貧困人口比率
は数％程度となっている（図 9−3 参照）。世界銀行のデータを土
台として、こうした貧困の把握に不可欠な基本統計の収集の基礎
を作り上げたのが、第 1 節で紹介したアンガス・ディートンであ
る。

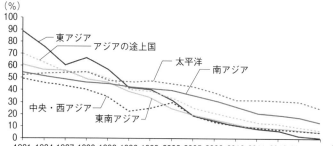

図9-3 劇的に低下するアジアの貧困人口比率

（出所）世界銀行「PovcalNet」より作成（http://iresearch.worldbank.org/PovcalNet/povDuplicateWB.aspx）。

　アジアでは経済が持続的に成長する中で、中間層の人々も増えている。アメリカのシンクタンクであるブルッキングス研究所の推計によれば、1日1人10〜100ドルの幅で生活する人々を「中間層」と定義すると、アジアの中間層人口がすでに世界全体の中間層の6割程度を占めている（図9-4参照）。

　少し前までは、アジアは「世界の工場」といわれ、電化製品や自動車、アパレル製品などを製造し、北米やヨーロッパに輸出しているイメージが強かったが、最近では情報通信技術（ICT）関係産業の成長も目覚ましい。さらに、アジアは世界の工場であり続けている一方、購買・消費も非常に伸びており、「世界の市場」にもなりつつある。

　貧困率が下がり中間層が増加している中で、（超）富裕層も出現している。国全体の所得に占める所得上位の人々のシェアが富裕層を把握する主要な指標の1つであり、トップ10％の所得シェアを用いることができる（図9-5参照）。たとえば、中国は1990年にはトップ10％の人々の所得は国全体の1年間の所得の25％を

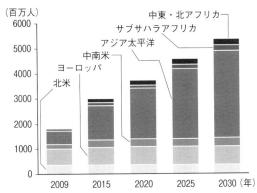

図 9 - 4　世界の中間層

（出所）2009 年 は、Kharas（2010）、2015〜30 年 は Kharas（2017）より作成。

図 9 - 5　トップ10％の所得シェア（％）

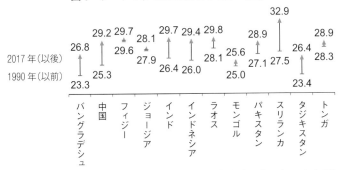

（出所）世界銀行「PovcalNet」を用いた、アジア開発銀行（ADB）スタッフによる推計結果より作成。

占めていたが、現在そのシェアは約30％にまで増加している。また中国に限らず、アジアの国々では軒並み所得トップ層のシェアが増加する傾向にある。

経済発展のメカニズム

　ここまで見たように、経済が発展する中で1人当たりGDPが増え、貧困人口が減り、中間層が増えるという一連の状況が観察される。こうした経済発展を支えるのが、農業などの第一次産業主体から製造業などの第二次産業、サービス業の第三次産業主体へとシフトしていく産業構造の変化である。シンガポールや香港など都市国家を除き、日本、ヨーロッパ、アメリカ、韓国や台湾などのように、経済発展に成功した国々はすべて、第一産業主体の経済構造から、第二次産業、さらには第三次産業主体へと、産業構造の高度化を遂げた。

　まずは第一次産業、特に農業の発展に着目してみよう。産業構造の高度化を生み出した革新として重要なのは、アジア、ラテンアメリカで起きた農業生産性の劇的な改善、「緑の革命」である。アジアの主食の1つである「コメ」における緑の革命は、「国際稲研究所」（International Rice Research Institute：IRRI）という国際機関が、多肥多収量の品種改良を成功させたことで実現した。緑の革命による農業生産性の向上は、農業従事者の所得を上昇させ、次の世代の教育水準を改善させた。一般に教育水準が高くなるとより高度な産業での就業が可能となる。こうしたプロセスにより、労働力が第一次産業から製造業などの第二次産業に移ること、つまり「工業化」が可能になったのである。

　アジアでは、日本を皮切りに東アジア、東南アジア、最近では南アジアなど、過去数十年の間に多くの国々で工業化の成功例が見られる。日本の高度成長期には労働集約的な軽工業の生産にはじまり、重化学工業、電気電子産業、自動車産業など産業の高度化が進行した。同様の変化は韓国や台湾、さらにはタイなどの東南アジア諸国、最近では縫製業の生産・輸出が目覚ましいバングラデシュなどにも見られる。韓国・台湾が日本を追随し、東南ア

ジア・南アジアの国々がそれを追いかけるという形で生じている
アジアの重層的な工業化と経済発展の様相は、あたかも雁が連な
って飛んでいるかのような姿になっており、赤松要教授の命名に
よって「雁行型経済発展」とも呼ばれる。現在では、スマートフ
ォンをはじめ製造業製品のさまざまな部品・中間財の生産と貿易
が開発途上国と先進国の間で複雑に関連しながら行われるように
なっている。こうした生産・貿易のネットワークは「グローバ
ル・バリューチェーン」(GVC) と呼ばれている。

　いずれにせよ、アジアで明確に見られる工業化を通じた目覚ま
しい経済発展の背後には、農業の生産性向上と民間企業の旺盛な
技術導入・設備投資、さらにはそれらの活動を支えるインフラ投
資や制度設計など、政府の政策が重要である。こうした産業構造
変化の兆しは、最近は東アフリカでも着実に見られるようになっ
てきた。

　さらに経済発展が進むと、経済は第三次産業、つまりサービス
産業中心の構造へと進化する。所得の上昇とともに、消費・教
育・医療・レジャー・金融などへの需要が増加する。それに応じ
てさまざまなサービス産業が成長し、経済を支える。低所得国で
も、人々の生活を支えるサービス産業は重要である。その一例は、
担保などがなく、それまでの金融サービスから排除されてきた貧
困層を対象に小口融資を開始して大きな成功を収めた、バングラ
デシュのグラミン銀行のような、マイクロ・ファイナンス機関で
ある。マイクロ・ファイナンスとは貧困層向け小口金融サービス
の総称であるが、グラミン銀行の小口融資サービスによる貧困削
減への貢献は非常に大きいと考えられており、その創始者である
ムハマド・ユヌスは、2006年にノーベル平和賞を受賞した。

3　規範的分析としての開発経済学

　戦後に勃興した開発経済学は、1950〜60年代に黄金期を迎えた。長期経済発展比較のための統計を整備し実証分析を行ったサイモン・クズネッツ、貧富の格差が大きくなるメカニズムを論じたグンナー・ミュルダール、産業構造変化の理論を構築したアーサー・ルイスなど、この時期に多くの研究者たちが開発経済学の発展に尽力し、後にノーベル経済学賞を受賞する成果を上げた。ここでは、開発途上国が経済発展を遂げるためにどういった政策を採用すべきかという「規範的分析」を紹介する。

輸入代替工業化政策の失敗

　すでに見たように、経済発展に成功した国々は押しなべて農業主体の経済から工業、特に製造業主体の経済へと構造変化を遂げていったため、「工業化」が開発政策の主目的となった。特に1950〜60年代に形成された開発経済学では、規範論として「輸入代替工業化政策」と呼ばれる工業化政策が推奨されることとなった。

　当時の開発経済学では、工業化の方策として、経済全体をバランスよく発展させるか、波及効果の大きいセクターを中心としてアンバランスに発展させるかという論争があったものの、途上国経済が直面する問題が、生産技術の非効率性よりはむしろ市場・需要の制約や価格調整メカニズムの構造的な硬直性である、との共通認識を持っており、政府による需要拡大政策を重視していた。

　さらに、1950〜60年代は途上国が主に輸出できる一次産品の所得弾力性が低く、その価格は工業財に対して長期に低下するため、一次産品の輸出に依存した成長は望めないという考え方が有力で

あった。これが「プレブッシュ゠シンガー命題」と呼ばれる、一次産品の交易条件（輸出財価格と輸入財価格の相対価格）の長期悪化を根拠とする「輸出ペシミズム（輸出悲観主義）」である。そのため、当時の開発経済学は、経済発展の戦略として、輸出に頼るのではなく、政府の保護貿易と産業育成政策・工業化政策を組み合わせた「輸入代替工業化」、つまり先進国からの工業財の輸入を止めることで代替的にそうした財を国内生産するという工業化を主な考え方として、積極的な工業化政策を推奨することとなった。

　ところが1970年代に入ると、初期の開発経済学が推奨した「内向き」の工業化政策である「輸入代替工業化政策」を採用したラテンアメリカの経済が停滞した一方、中間財や資源などの輸入のための外貨獲得の必要性に迫られて輸出を軸に「外向き」の戦略に転じた東アジアの国々が経済発展に成功してきたことが明らかとなった。その後、東南アジアの国々やバングラデシュ、インドなどの南アジア諸国も、外向きの工業化政策、つまりより市場志向の政策を採用することで高い経済成長率を達成することになった。

市場志向の改革とワシントン・コンセンサス

　1970年以降のアジアの国々の成功は、開放的な貿易・海外直接投資受入れ政策を採用し、農業の近代化政策、技術進歩支援の政策、教育や保健など人的資本投資を促進する政策がとられたことによる。さらに、政府が産業・経済インフラを整備するとともに、健全なマクロ経済政策を採用してきたこと、つまり市場の取引が経済発展の礎になるように政府が市場志向の改革を行い、それを維持するような制度構築に成功したことが鍵であった。

こうした流れから、1950〜60年代に興隆をきわめた固有の開発経済学は廃れ、貿易自由化・市場自由化など、より標準的な経済学理論に基づいた規範論が開発政策の文脈でも中心となっていった。新古典派ミクロ経済学、特に厚生経済学の基本定理をベンチマークとして「市場の価格調整機能を歪めるべきでない」「価格を適正にすべき」という規範論に基づく開発政策が、ワシントンD.C. に本部を置き、開発途上国の発展を支援する国際金融機関である世界銀行やIMF（国際通貨基金）を中心として実践されることとなった。そのため、これら一連の政策は「ワシントン・コンセンサス」と呼ばれることもある。

4　開発経済学における実践の「革命」

開発経済学の衰退と再興

初期の開発経済学が推奨した規範論、「輸入代替工業化政策」が失敗したため、1970年から90年代にかけて開発経済学は衰退することとなった。このことを裏づけるかのように、世界的に有名な数理経済学・開発経済学者であった高山 晟 教授は1985年の論文で、開発経済学に対する1950〜60年代の熱気はもう失われてしまったと指摘している（高山 1985）。また、1993年、後にノーベル経済学賞を受賞したポール・クルーマンが世界銀行の会議で発表した論文を「むかしむかし、あるところに、開発経済学という分野があったとさ……。いまはもうない」として切り出した（Krugman 1992）。20世紀には、開発経済学という分野はもう消滅してしまった、とまでいわれていたのである。

ところが、ここ約15年の間、開発経済学は一気に復活した。今日では開発経済学の論文が、経済学のトップジャーナルにとどま

らず、自然科学のトップジャーナル『サイエンス』や、アメリカ科学アカデミーが発行する科学誌『PNAS（Proceedings of the National Academy of Sciences)』などにも数多く掲載されるなど経済学のトップフィールドとなり、2019年にはこの分野でノーベル経済学賞を受賞するまでになったのである。これを反映して、マサチューセッツ工科大学（MIT）、イェール大学、ハーバード大学、スタンフォード大学などアメリカのトップスクールで開発経済学を専攻する博士課程の学生の数も増えた。こうした潮流のきっかけとなったのが、RCT を含めて広く「フィールド実験」と呼ばれる実践的な研究が盛んに行われるようになり、開発経済学が経済学全体に新たな知見をもたらし始めたことである。

　RCT は、第 4、5 章でも紹介したが、ランダム化比較試験（Randomized Controlled Trial：RCT）の略語である。この手法が開発経済学に持ち込まれたことで、経済学のトップフィールドになったのである。デュフロと、彼女の指導教員であったバナジーが中心となり、MIT に The Abdul Latif Jameel Poverty Action Lab（J-PAL）という研究機関が設立されたのは2003年のことであった。その後、J-PAL が中心的な役割を果たして、RCT を用いた厳密な政策評価が次々と行われるようになった。

　ある政策の評価をするためには、相関関係ではなく因果関係を識別するための厳密な手法が必要となる。そのための手法が、RCT である。基本的には医療の臨床試験で成功した RCT の手法が開発経済学に持ち込まれ、2019年のノーベル経済学賞に結びついた。RCT でさまざまな政策介入の評価が緻密に行えるようになり、「実践的研究」が蓄積されたことで、従来の見方が次々に覆された。そして行政や NGO と研究者が密に連携しつつ、研究結果に基づくさまざまな政策が実践されるようになったことは、「RCT 革命」といえるほどの大きな変化であった。

RCT とは何か

　J-PAL では農業、法制度、教育、環境、ジェンダー、保健医療、金融、企業経営など、さまざまな分野の RCT を用いた政策実験が世界中で行われている[2]。本節では、RCT による政策評価の実践例を紹介しよう。

　RCT は、ある政策介入 d が結果指標 y に与える影響を、因果関係として科学的に示す手法である。たとえば、奨学金（d）が学業（y）に及ぼす効果、生活保護金の支給（d）の健康状態（y）への影響、などが挙げられる。政策の介入を受ける処置群（トリートメント・グループ）を $d=1$、政策の介入を受けない対照群（コントロール・グループ）を $d=0$ で示し、コンピュータ上の乱数表を使ってこの両群を無作為に割り付けるのが、代表的な RCT の方法である。こうすることで、政策介入で結果がどう変化するか、つまり d から y への因果効果が明確になる。具体的には、RCT を通じて得られた結果指標 y の平均値を $d=1$ と $d=0$ のそれぞれについて求め、差を取ることで d が y に及ぼす政策効果を「因果効果」として数量化することができる。同じことは、「単純線形回帰分析」と呼ばれる手法に基づき、y を d に回帰し、d の回帰係数を求めることでも得られる。

ミレニアム開発目標から持続可能な開発目標へ

　貧困問題が国際的なアジェンダとして取り上げられるようになったのは、1970年代のことである。当時、「ベーシック・ヒューマン・ニーズ」（BHN）という考え方のもとで、世界の貧困層への衣食住の供与が不可欠という議論がなされるようになった。1990年代後半から貧困問題はさらにクローズアップされ、2000年には国際連合が「ミレニアム開発目標」（MDGs）を設定した。

図 9-6　1 年間就学を延長させるためにかかる費用

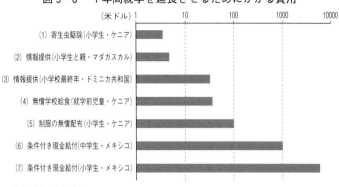

(注)　横軸は対数表示。
(出所)　以下の各種評価研究の結果を筆者がまとめた。(1)と(5)は Miguel and Kremer
(2004)より、(2)と(3)は Dhaliwal et al. (2011)より、(4)は Kremer (2003)より、
(6)と(7)は J-PAL (2005)より。

多くの途上国、先進国が MDGs を取り入れ、各国政府だけでな
く民間企業や NGO などのセクターも目標達成に向けて動くよう
になるなど、記念碑的な取り組みであった。

　教育分野を例に国際目標達成における RCT の役割を見てみよ
う。MDGs は 2015 年までの目標として、教育分野では「初等教
育の完全普及」を掲げ、2015 年までに、世界中のすべての子ども
が男女の区別なく初等教育の全課程を修了できるようにすること、
を目標としていた。とはいえ、具体的な方策は MDGs には掲げ
られていないため、具体的方策を考えるうえで RCT を用いた実
践的な開発経済学の研究が重要な役割を果たすこととなった。図
9-6 は、RCT によるさまざまな政策介入研究によって明らかと
なった政策の費用対効果を、1 年間の就学延長にかかる費用とし
て比べたものである。これら一連の RCT の結果に基づき、特に
寄生虫駆除の教育促進効果が安価であることが明らかとなり、

「Deworm the World Initiative」などの世界的な動きにもつながった。また、貧困層に対する条件付き現金給付（CCT）も教育にとどまらない生活改善のための介入として世界中で採用されることとなった。

　MDGsの期間、世界各国で就学年数は顕著な改善を見た。しかしながら、開発途上国の多くの学校において小学校を卒業しても四則計算ができない児童が多くいることが明らかとなり、「教育の質」の問題が浮かび上がることとなる。こうした問題を含む残された課題と新たな問題を解決すべく、MDGsが終了した2015年から2030年までの新たな目標として「持続可能な開発目標」（SDGs）が設定された。

　SDGsの教育分野では、それまでのMDGs目標が拡張され、「質の高い教育をみんなに」という目標として設定されている。とはいえ、質の高い教育を普及するための具体的な方策はSDGsには掲げられていないため、ここでもRCTを用いた実践的開発経済学の研究が引き続き重要な役割を果たすことになる。教育の質に関連して、2019年にノーベル賞経済学を受賞したクレマーらが、開発経済学において最も早く実施したRCTを紹介する。

効果を測る

　まず、教育の質が問題となる原因として、教員の資質、現場で使う黒板やチョーク・教科書などの教材が十分に整っていないなどといったことが挙げられる。

　ここで、あなたがケニアの農村地域にある小学校の校長先生だったとしよう。算数を担当する教員から「フリップ

チャートを使えば、視覚的にわかりやすい絵を使って分数を含む四則演算を効果的に教えることができるので、フリップチャートを購入してほしい」との要望が出された。フリップチャートは安くはない。さて、あなたならどうするだろうか？

　ここで重要なのは、フリップチャートによって子どもたちの算数の能力がきちんと向上するのかどうかという点である。そのため、まずはこの点を厳密に検証しなければならない。この効果は、第4章でも述べられているように、それを使った場合と使わなかった場合との差を見ることで把握できる。しかし問題は、ある子どもに対してフリップチャートを使って授業してしまうと、フリップチャートを使わなかった場合のその子どもの学力を調べることができないため、厳密な効果が測定できないということである。後者のように、実際には知ることができない状況は「反事実」または「反実仮想」（counter-factual）と呼ばれている。パラレルワールドと捉えてもいいだろう。この問題は、社会科学で因果関係の分析を行う際の本源的な問題でもある。自然科学の実験では介入のあり・なしを変えることができるけれども、社会科学ではそのような操作を行うことはできないことが原因で生じるのである。

　フリップチャート使用の効果を測定しようとするとこの問題に直面するが、それを克服するために、RCT が非常に重要な役割を果たすことになる。学校 A と学校 B を単純に比較するのではなく、フリップチャートを使った授業を行う学校（$d=1$）と、使わない学校（$d=0$）を無作為に割り付けることで、「平均的に同じ環境」でフリップチャートを使った場合と使わない場合のデ

ータを得ることができる。

　クレマーは、1997年、当時世界銀行にいたポール・グラウィーらとともに、ケニアの小学校でRCTによるフリップチャート実験を実施した（Glewwe et al. 2004）。具体的には、まだフリップチャートがまったく導入されていない西ケニアの178の小学校を、フリップチャートを使う89の小学校と使わない89の小学校とに無作為に割り付けるRCTによって成績がどのように変化したかを厳密に検証した。結果、両校の学力の差はゼロであった。つまり、フリップチャートの利用が学力の向上につながるという当初の予想とは逆の結果が得られたわけである。

公文式学習法の効果測定

　他に何か子どもの算数能力を改善するための有効な手段はないのだろうか。筆者は、バングラデシュの貧困地域の学校で、「公文式学習法」を導入することでどのような効果があるかをRCTで検証したことがある（Sawada et al. 2017）。実験は、公文教育研究会と世界で最大級の規模を誇るバングラデシュのNGOであるBRAC（Bangladesh Rural Advancement Committee）の協力を得て行い、その対象者は約500名であった[3)]。

　このRCT研究では、貧困のため小学校に就学できなかった子どもや中退した生徒を対象にBRACが行っている非公式の学校であるBRAC Primary School（BPS）の34校を対象に、無作為に選び出した17校（生徒約500名）で公文式を使った学習に8カ月にわたって毎日取り組んでもらい、残りの17校（生徒約500名）では公文式は導入せず通常のBPSの教育プログラムのみを行ってもらった。そして、8カ月後にグループ間で算数能力を比較することで公文式の効果を検証したのである。

RCT による介入の実施とデータ分析の結果、公文式の導入によって生徒の平均的な算数能力（１分当たりに算数の問題を解く能力）が、８カ月で約２倍になったことが明らかになった。公文式学習法は、途上国における貧困世帯の子どもの算数能力を改善するのに抜群の効果を示したといえよう。

5　おわりに

　以上、「実証」「規範」「実践」の３つの側面に基づいて現在、経済学の中でも重要な位置を占める開発経済学を概説してきた。最後に、開発経済学をより深く学びたい方に２点を伝えたい。

　第１に、開発経済学は経済学のあらゆる分野を応用し、しかも理論分析やデータ分析、実験などを駆使して実践にまで踏み込んでいく分野である。そのため、開発経済学においては、他の経済学分野の理解が不可欠である。たとえば、貧富の格差や貧困世帯への支援を考えるうえでは、世帯の貧困を分析するためのミクロ経済学、「しごと」を深く理解するための労働経済学、政府の貧困対策を論ずる公共経済学が重要となる。国境を越えた貿易や企業・資金の移動を考えるうえでは、国際貿易論・国際金融論など国際経済学の視点が必須である。また、健康・医療に関する医療経済学も必要であるし、企業の生産や研究開発活動、市場競争を分析する産業組織論やゲーム理論、人や産業の集積、都市化を分析する都市経済学などの視点も重要になってくる。さらには、国全体の長期の経済発展を深く理解するには、マクロ経済学が不可欠である。

　また、経済史の重要性も指摘しておきたい。第２節で1700年以降の世界全体の GDP に占めるアジアのシェアの推移を見たが、

日本も戦後の急速な経済発展を経て今日のような高い経済的な地位を占めている。この発展の要因をより詳しく議論するためには、さらに長期に明治維新以降の経済発展も理解する必要があるし、その発展の礎といえる江戸時代の経済も見る必要がある（Yasuba 1987）。特に最近は、経済史と開発経済学が結びついた研究成果が数多く発表されている。たとえば現在、経済発展の格差が汚職の程度などといった国の「ガバナンス（広い意味での統治）」と深く結びついていることが知られているが、過去の植民地経営のあり方の違いが、現在の国のガバナンスの質の違いに結びついているという有名な研究がある（Acemoglu, Johnson and Robinson 2001）。

　第2に、開発経済学では、途上国の発展を促し貧困問題を解決するというミッションに対し、何らかの処方箋を出すことが求められている。そのために5年、10年を費やす場合もあるが、やはり発展の実現、貧困の削減といった要請に日々応える必要もあるため、短い期間で成果を出す実践的な研究も求められている。それだけ責任も重いものともなりうるが、経済学のすべての分野の知見を総動員して政策の実践に取り組むことができる非常にエキサイティングな分野でもある。

　具体例として、経済学を学ぶことで研究者としてだけでなく、途上国開発にかかわる国際機関でのキャリアパスを目指すこともできる。経済学を身につけたエコノミストが国際機関を目指す場合には、国連の諸機関やアジア開発銀行（ADB）、世界銀行、国際通貨基金（IMF）などといった国際開発金融機関（MDBs）が選択肢になる。特にお薦めしたいのは、これら国際金融機関が設置する幹部候補生登用プログラムであるヤング・プロフェッショナル・プログラム（YPP）であり、各機関のウェブサイトで採用条件などが公開されている。たとえば、東京大学大学院経済学

研究科の修士・博士課程に進学して英語で経済学を学び、学位を取得してYPPを目指すというのが、1つのキャリアパスとなりうる。一般に、MDBs・国連諸機関などの国際機関で働く日本人職員の数は非常に少なく、出資金に対する日本人の「職員不足」（under-representation）の問題が慢性化している。学生諸君がこうしたキャリアを1つの可能性として考えてくれればありがたい。

次のステップに向けて

　最後に、開発経済学についてさらに学ぶために有益な本を紹介しよう。

　①はアジア開発銀行（ADB）が職員を総動員してまとめた、戦後アジアの経済発展メカニズムに関する包括的な報告書である。産業構造変化・工業化・対外的な経済開放など、経済発展分析において標準的なトピックだけでなく、気候変動・ジェンダーなどの幅広いトピックを扱っている。ADBのウェブサイトから無料でダウンロードできる（https://www.adb.org/publications/asias-journey-to-prosperity）。

① Asian Development Bank（2020）*Asia's Journey to Prosperity: Policy, Market, and Technology over 50 Years*

　②は2019年ノーベル経済学賞受賞者のうち2人による、RCTを用いた最先端の開発経済学を包括的に紹介した本である。食糧消費や貧困の「罠」という考え方から見た貧困問題、教育・健康といった人的資本、マイクロファイナンスなど幅広い分野を扱っている。

② Banerjee, A. and E. Duflo（2011）*Poor Economics: A Radical Rethinking of the Way to Fight Global Poverty*, Public Affairs（山形浩生訳『貧乏人の経済学——もういちど貧困問題を根っ

こから考える』みすず書房、2012年)

③は開発経済学の理論と実証・実践をバランスよくまとめた開発経済学の入門書である。経済成長論、技術進歩やイノベーションといったマクロ経済学の議論を皮切りに、国際経済学、産業集積、社会ネットワーク、経済制度、農村開発といった幅広いトピックを、厳密にかつ初学者にわかりやすくまとめた、開発経済学教科書の決定版といえる。

③ 戸堂康之（2015）『開発経済学入門』新世社

④はRCTのみならず、因果関係をデータから見出すためのさまざまな手法を初学者向けにわかりやすくまとめた良質の教科書である。傾向スコアマッチング法、差の差分析（DID）、操作変数法、回帰非連続デザイン（RDD）などの標準的手法のみならず、合成対照法など比較的新しい手法を含めてバランスよく解説している。

④ 森田果（2014）『実証分析入門──データから「因果関係」を読み解く作法』日本評論社

注

1）世界銀行「PovcalNet」（http://iresearch.worldbank.org/PovcalNet/povOnDemand.aspx）。
2）デュフロとバナジーは *Poor Economics*（『貧乏人の経済学』）という本を出版し、その成果をわかりやすく紹介している（バナジー＝デュフロ 2012）。
3）BRACについては、元総裁のアベッド氏の軌跡を描いた本である、スマイリー（2010）をお薦めしたい。

参考文献

スマイリー、イアン（2010）『貧困からの自由──世界最大のNGO-BRACとアベッド総裁の軌跡』笠原清志監訳、明石書店。
高山晟（1985）「開発経済学の現状」安場保吉・江崎光男編『経済開発論』創文社。
バナジー、アビジット＝エステル・デュフロ（2012）『貧乏人の経済学──もういち

ど貧困問題を根っこから考える』山形浩生訳、みすず書房。

Acemoglu, D., S. Johnson and J. A. Robinson（2001）"The Colonial Origins of Comparative Development: An Empirical Investigation," *American Economic Review*, 91（5）: 1369–1401.

Asian Development Bank（2010）*Asia 2050: Realizing the Asian Century*.

Dhaliwal, I., E. Duflo, R. Glennerster and C. Tulloch（2011）"Comparative Cost-Effectiveness Analysis to Inform Policy In Developing Countries: A General Framework with Applications for Education," mimeographed, MIT.

Glewwe, P., M. Kremer, S. Moulin and E. Zitzewitz（2004）"Retrospective vs. prospective analyses of school inputs: the case of flip charts in Kenya," *Journal of Development Economics*, 74（1）: 251–268.

J-PAL（2005）"Education: Meeting the Millennium Development Goals," *Fighting Poverty: What Works?* Issue 1, Fall 2005, MIT.

Kharas, H.（2010）"The Emerging Middle Class in Developing Countries," OECD Development Centre Working Paper No. 285. Paris: OECD.

Kharas, H.（2017）"The Unprecedented Expansion of the Global Middle Class: An Update," Global Economy & Development Working paper 100, Brookings Institution.

Kremer, M.（2003）"Randomized Evaluations of Educational Programs in Developing Countries: Some Lessons," *AEA Papers and Proceedings*, 93（2）: 102–106.

Krugman, P.（1992）"Towards a Counter-Counterrevolution in Development Theory," *Proceedings of the World Bank Annual Conference on Development Economics, 1992*: 15–38.

Miguel, E. and M. Kremer（2004）"Worms: Identifying Impacts on Education and Health in the Presence of Treatment Externalities," *Econometrica*, 72（1）: 159–217.

Sawada, Y., M. Mahmud, M. Seki, A. Le and H. Kawarazaki（2017）"Individualized Self-learning Program to Improve Primary Education: Evidence from a Randomized Field Experiment in Bangladesh" *JICA-RI Working Paper*, No.156.

Yasuba, Y.（1987）"The Tokugawa Legacy: A Survey," *Economic Studies Quarterly*, 38（4）: 290–308.

10

〈 経済史 〉

歴史の経済分析

岡崎哲二

テーマ

経済の歴史を理論・実証的に
見つめることで示唆を得る

具体例

金融危機、巨大市場への近さと経済成長、
奴隷貿易という歴史の呪縛

1 はじめに

　経済史とは、経済の歴史を研究する分野であり、たとえば政治史が政治の歴史、美術史が美術の歴史を研究する分野であることと対応している。その点で経済史を、経済を対象とした歴史学の一分野と見ることもできる。しかし、経済を対象とすることから、経済史研究のためには、経済学の知見が非常に有効であり、必要でもある。一方で、経済史の研究によって、経済ないし経済学に関する有意義な知見を得ることができる。

　この章では、こうした経済史と経済学の関係を、いくつかの具体的な研究を取り上げて説明し、また限られた範囲ではあるが、それらを通じて経済史という分野でどのような研究が行われているかを紹介することにしたい。便宜上、経済学にとっての経済史研究の意味に焦点を当てて叙述を進める。以下で取り上げる経済学研究にとっての経済史研究の意味は、(1) 頻繁には起こらない重要な経済事象を理解すること、(2) 実験室としての経済史、(3) 過去によって現在を説明すること、の3つである。

2 頻繁には起こらない重要な経済事象を理解する

歴史を遡ることの重要性

　経済事象の中には、頻繁には起こらないが重要なものがある。深刻な不況はその1つである。2008年のいわゆるリーマンショックの際に「100年に一度の経済危機」という表現が使われたが、このような深刻な不況の原因を理解し、予防策・対策を考えることの重要性はいうまでもない。そして、100年に一度しか起こらないようなまれな事象であれば、それに関して十分な観測を行う

ためには歴史を遡って考察の対象を広げる必要がある。

リーマンショックに関する「100年に一度の経済危機」という表現が念頭に置いていたのは、1930年代のアメリカを中心とする大恐慌である。この大恐慌の深刻さは、たとえばその発端となったニューヨーク証券取引所の株価下落の大きさから推測できる。大恐慌の発端として知られる1929年10月24日のいわゆる Black Thursday に、ニューヨーク証券取引所のダウ工業平均株価は2.1%下落した。しかしこれはまだ入口にすぎず、10月28日のいわゆる Black Monday に平均株価は一挙に12.8%下落した。この下落率を現在の日経平均株価の水準2万500円前後に当てはめると2600円以上の下落に相当する。しかも、翌10月29日（Black Tuesday）にも平均株価は11.7%下落した。

大恐慌の影響は実体経済にも及んだ。図10−1はリーマンショックを含むその後の不況と比較するため、約100年間の長期にわたるアメリカの実質 GDP 変化率を示している。実質 GDP は1930年から1933年の4年間連続して縮小し、この間の減少率はあわせて32.6%に達した。これに対して、リーマンショックでアメリカの実質 GDP がマイナス成長となったのは2008、2009年の2年間であり、この間の減少率も2.7%にとどまった。このように長期のデータからは、少なくともマクロの実体経済の縮小に関していえば、1930年代の大恐慌はリーマンショックと比較にならないほど深刻なものであったことが見て取れる。

金融危機の原因は何か

この大恐慌の原因を研究し、マクロ経済学に大きく貢献した論文として、Bernanke（1983）がある。偶然にも著者のバーナンキは、リーマンショックが起こったとき、アメリカの中央銀行制

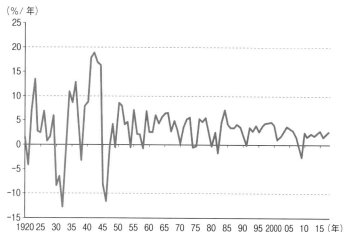

**図10-1　アメリカにおける実質 GDP 変化率の長期的推移：
1920〜2015年**

（出所）1955 年以前は National Butreau of Economic Research、1956 年以降は
　　　Bureau of Economic Analysis より作成。

度の意思決定機関である連邦準備制度理事会（FRB）の議長を
務めていた。この論文の中でバーナンキは、大恐慌の過程で実体
経済の縮小と同時に多数の銀行が倒産する金融危機が進行してい
たという事実に着目した（図10-2）。

　この着眼は、当時の研究や議論の動向と関連している。この頃、
マクロ経済一般に関して、マクロ経済変動の主要な原因を通貨量
に求めるマネタリストと、通貨量とととともに実体経済面の原因も
重視するケインジアンの相対立する見方があった。大恐慌に関し
て前者は住宅建設や個人消費の減少等の実体経済の縮小を金融危
機の原因と考えたのに対して（Temin 1976）、後者は金融危機が
通貨供給の縮小を通じて実体経済を縮小させたと考えていた
（Friedman and Schwartz 1963）。これに対してバーナンキは、

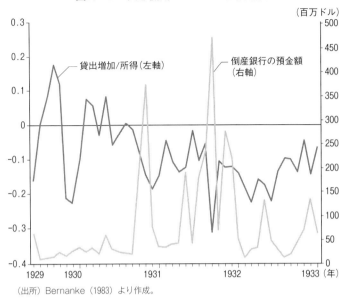

図10-2　大恐慌期アメリカの金融危機

（百万ドル）

貸出増加/所得（左軸）

倒産銀行の預金額
（右軸）

(出所) Bernanke（1983）より作成。

金融危機を原因とする点では後者と同じ立場に立ちつつ、金融危機が実体経済の縮小をもたらす別のチャネルを特定した。

　その際に焦点を当てたのは、銀行の「金融仲介機能」である。金融仲介というのは、銀行が資金余剰の（貯蓄が投資を上回っている）経済主体から預金を集め、資金不足の（貯蓄が投資を下回っている）経済主体に融資する活動を指す。金融仲介にあたって銀行は、収益性が高い投資プロジェクトを選別し、プロジェクトの進行を監視するといった役割を担う。銀行が通常このような機能を果たしているとすると、金融危機で多数の銀行が倒産すれば、金融仲介機能が阻害され、実体経済にマイナスの影響が及ぶことになる。バーナンキはこのように考え、その仮説を大恐慌のデータで検証することを試みた。検証の手順は次の通りである。

表10−1　アメリカの大恐慌に対する金融危機の影響

被説明変数：生産増加率				
生産増加率（1カ月）	0.623	(10.21)	0.613	(9.86)
生産増加率（2カ月前）	−0.144	(−2.37)	−0.159	(−2.63)
予想されない通貨供給	0.407	(3.42)	0.332	(2.92)
予想されない通貨供給（1カ月前）	0.141	(1.16)	1.130	(0.99)
予想されない通貨供給（2カ月前）	0.051	(0.42)	0.110	(0.96)
予想されない通貨供給（3カ月前）	0.144	(1.19)	0.156	(1.38)
倒産銀行の預金額増加分			−0.869	(−4.24)
倒産銀行の預金額増加分（1カ月前）			−0.406	(−1.93)
倒産企業の負債額増加分			−0.258	(−1.95)
倒産企業の負債額増加分（1カ月前）			−0.325	(−2.47)

（注）（　）内は t 値。
（出所）Bernanke（1983）より作成。

　前提とするのは、家計と企業の最適化行動から導かれ、生産変
化率を予想されない通貨供給変化率の関数で表す新古典派的マク
ロ供給関数である（Lucas 1972; Barro 1978）。バーナンキはこれ
に金融危機に関する変数を追加した関数を月次の時系列データか
ら推定した。金融危機に関する変数としては、倒産銀行の実質預
金額の増加分、倒産企業の実質負債額の増加分を用いた。バーナ
ンキによる推定結果は表10−1の通りである。

　ここで、あらかじめ表の見方を簡単に説明しておこう。この形
の表は、回帰式の推定結果を示し、経済史や経済学だけでなく社
会科学一般で広く使われるものである。縦の左端の列には推定さ
れた式の右辺の変数（説明変数）が列挙されている。2列目には、
各説明変数について推定された係数が示されており、3列目の
（　）の中の数字は係数の推定値に関する t 値と呼ばれる統計量
である。t 値は、推定された係数をその推定値の標準誤差で除し

た値で、推定値のバラツキの程度（小ささ）の指標となる。t 値の絶対値が大きいと推定された係数は「真の係数」の符号と同じ符号である可能性が高く、したがって特に推定された係数の符号が確からしいということになる。一般に、t 値の絶対値が 2 前後以上であれば、係数の符号が信頼できると考えられている。そして、4 列目と 5 列目は 2、3 列で空欄になっている説明変数を加えた場合の推定結果である。

　上記のように、予想されない通貨供給量が新古典派的マクロ供給関数の中心的な変数である。この変数の係数の符号は 2 列目でも 4 列目でも正であり、また t 値も 3 前後と十分に大きい。新古典派マクロ経済学の含意はデータによってサポートされたことになる。そのうえでバーナンキは倒産銀行の実質預金額増加分、倒産企業の実質負債額増加分という 2 つの追加的な変数に注目する。これらの変数の係数は、1 カ月のラグをとったものも含めていずれも負の符号を持っており、t 値もかなり大きい。これはバーナンキが理論的に予想した通り、金融危機が実体経済にマイナスの影響を与えたことを示している。さらにバーナンキは、2 列目の結果と 4 列目の結果を用いて生産変化率のシミュレーションを行って、後者では実績値との差が前者の半分になるとして、金融危機変数のインパクトの大きさを主張した。

　深刻な金融危機は頻繁には起こらない。したがってそれに関するデータを得るためには歴史を遡る必要があった。バーナンキの論文は、経済史研究を通じて、金融とマクロ経済をつなぐチャネルに関して新しい知見を経済学に加えたのである。

3　実験室としての経済史

歴史から自然実験を探す

　経済学研究における経済史の意味の2つめとして、実験室としての経済史というトピックを取り上げる。本書の第4章などでも述べられている通り、データから経済変数間の因果関係を識別することは必ずしも容易ではない。2つの変数の間に相関があったとしても、どちらが原因でどちらが結果かは明らかではないし、場合によってはそのいずれでもなく、共通する第3の原因がある可能性もある。そこで計量経済学では、このような可能性を考慮したうえで、データから因果関係を識別するためのさまざまな方法が開発されてきた。その1つに自然実験があり、これは経済史と密接な関係がある。自然実験というのは、たとえばXとYという2つの変数がある時、Xに明白な外生的変化が生じ、しかもその変化を引き起こした原因がYには直接的な影響を与えないと想定できる場合である。このような場合には、XからYへの因果関係を識別することができる。

　自然実験を利用した経済史研究として、筆者が一橋大学の中島賢太郎氏と発表した論文、Nakajima and Okazaki（2018）を紹介したい。本書の第7章でも取り上げられている空間経済学の基本的な仮説として「空間的・地理的に近い場所に大きな市場が存在することが、地域の経済活動や人口成長にプラスの影響を与える」というものがある。しかし、近接した地域は他の要因からも類似した影響を受ける可能性が高いため、この仮説をデータで検証することは必ずしも容易ではない。

　そこでNakajima and Okazaki（2018）は、外生的な理由で近くに市場が現れた歴史上のケースに着目した。対象とするのは1910年に行われた日本による朝鮮の植民地化である。それまで

図10-3　日本・朝鮮の市場統合とそれが日本の輸（移）出に与えた インパクト

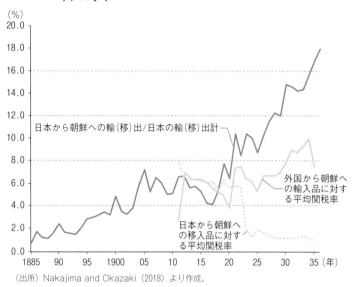

（出所）Nakajima and Okazaki（2018）より作成。

別々の国であり、間に国境があった2つの地域が制度上、1つの国に統合され、段階を踏んで関税が低減されていった。図10-3は朝鮮への輸（移）入関税率の推移と、日本の輸（移）出総額に占める朝鮮のシェアを示している[1]。1920年代初めに日本からの移入品に対する関税が大幅に引き下げられ、他国からの輸入品への関税と大きな格差が生じ、一方で日本の輸（移）出に占める朝鮮のシェア上昇が加速した。

差の差分析による仮説の検証

政治的理由で生じた国境の撤廃とそれに伴う市場統合が日本の

表10－2　日本・朝鮮の市場統合の市町村人口に対するインパクト

被説明変数：人口増加率						
朝鮮近接地域×市場統合後	0.359	(0.079)	0.165	(0.397)	0.379	(0.080)
朝鮮近接地域	−0.487	(0.070)	−0.263	(0.387)	−0.471	(0.070)
定数項	0.426	(0.014)	0.992	(0.048)	0.357	(0.014)
サンプル	全体		市・町		村	
市町村固定効果	Yes		Yes		Yes	
観測数	19,833		1,911		17,922	
調整済み決定係数(ad-R^2)	0.115		0.092		0.122	

（注）（　）内は標準誤差。
（出所）Nakajima and Okazaki（2018）より作成。

各地域にどのような影響を与え、それが各地域と朝鮮との空間的
距離にどのように依存したかを分析することで、市場の近接性の
効果を実証的に検証することが Nakajima and Okazaki（2018）
の基本的なアイデアである。より具体的には、市場統合以前
（1920年まで）と市場統合以後（1921年以降）で期間を二分し、
一方で市場統合の影響を受けやすいと考えられる朝鮮と空間的に
近い地域と市場統合の影響を受けにくいと考えられる朝鮮と空間
的に遠い地域に地域を二分することで、「差の差」（Difference in
Difference：DID）を推定した。被説明変数は人口の各年の増加
率（％）である。推定結果は表10－2に報告されている。2列目
はすべての市町村をサンプルとした場合の結果である。

　朝鮮近接地域×市場統合後という変数は、そのサンプルが朝鮮
と近い地域の1921年以降のものであることを示す変数で、これが
「差の差」を捉えている。係数は0.359という正の値となっている。
3列目の（　）内の数値は、表10－1と異なりt値ではなく、推
定された係数の標準誤差を示している。係数0.359より十分に小
さいので、係数の推定値は統計的に有意ということになる。

0.359という値は、1921年以降の人口増加率と1920年までの人口増加率の差を、朝鮮に近い地域と遠い地域の間で比較すると、前者の地域の方が0.359%大きいということを示す。市場統合は朝鮮と空間的に近い地域にプラスの影響を及ぼしたことが示唆されている。4列目以降は、サンプルを市・町と村に分けた場合の推定結果である。興味深いことに、村では全体と同様の結果が得られるのに対して、市・町では朝鮮近接地域×市場統合後という変数の係数が正ではあるが、大きさが小さく、また統計的にも有意ではない。この結果は、人口が多く相対的に外部の市場への依存度が小さい市・町では、市場統合の効果が小さいと解釈できよう。

　ただし、表10-2の結果だけでは、市場統合の効果を十分に検証したとはいえない。植民地化は（製品）市場以外のチャネルを通じても日本の各地域に影響を与える可能性があり、たとえば日本と朝鮮の間の人口移動の影響も考えられる。そこで、市場統合の影響だけを取り出すために、市場統合というチャネルから影響を受けやすい地域とそうでない地域を区分して両者への影響の差を検証することを考える。市場統合の影響を受けやすい地域として、日本から朝鮮への主要な輸（移）出品、繊維製品に特化した産業構造を持った地域を考える。表10-3の朝鮮近接地域×市場統合後×繊維工業特化という変数は、朝鮮に近い地域が市場統合によって受けた影響を、繊維工業に特化した地域とそれ以外の地域で比較した場合の差を捉えている。係数は有意に正の大きな値となっている。この結果は、朝鮮の植民地化後に隣接地域の人口が相対的に増加したことに、市場統合というチャネルが寄与したという推論をサポートする。

表10-3 地域の産業構造と市場統合のインパクトの関係

被説明変数：人口増加率		
朝鮮近接地域×市場統合後×繊維工業特化	0.917	(0.254)
朝鮮近接地域×市場統合後	0.338	(0.081)
繊維工業特化×市場統合後	0.254	(0.088)
繊維工業特化×朝鮮近接地域	−0.904	(0.255)
朝鮮近接地域	−0.455	(0.072)
繊維工業特化	0.012	(0.093)
市場統合後	1.100	(0.028)
定数項	−0.696	(0.026)
サンプル	全体	
市町村固定効果	Yes	
観測数	19,833	
調整済み決定係数（ad-R^2）	0.117	

（注）（ ）内は標準誤差。
（出所）Nakajima and Okazaki（2018）より作成。

4 過去によって現在を説明する：経路依存性

　経済史に限らず、歴史研究一般の意味の根拠を与える事象として「経路依存性」（path dependence）がある。過去の出来事が長期的な影響をその後の過程に与えるという事象を経路依存性という。経路依存性があると、現在の状態は現在の要因だけでは説明できず、歴史によって説明する必要が生じる。経路依存性は、歴史学の存在理由として古くから歴史研究者によって注目されてきた。アナール派と呼ばれる学派の基礎を築いたフランスの歴史学者、マルク・ブロックは、「歴史は何の役に立つか」という根本的な問いを提起したうえで、歴史学の存在理由を「社会の産物の

多くに、固有の惰性の力が働いている」という事情に求めた（ブロック 2004）。

　現在の状況を歴史的な原因で説明した興味深い経済史研究として、最後にアフリカの貧困に関するネイサン・ナンの研究を取り上げる（Nunn 2008）。現在、アフリカは世界の他の地域と比較して相対的に貧しい。アフリカの貧しさが際立っていることから、多くの研究者がこの問題に取り組んできた。これらの研究では、ヨーロッパ諸国による植民地化と搾取、奴隷輸出といったことが貧困の原因として強調されてきた。こうした議論が経路依存性による説明となっていることが注目されよう。しかし、それに関する説得力のある実証研究は行われてこなかった。ナンはこの課題に取り組んだ。

　ナンは多くの文献を渉猟して、アフリカから輸出された奴隷の人数に関する国別データを構築した。各国の奴隷輸出人数／面積と各国の現代の1人当たりGDPの相関を見ると、負の関係が観察された。歴史上の奴隷輸出の規模が現代の貧しさと関係していることが示唆されている。しかし本書で繰り返し強調されているように、これだけでは因果関係はわからない。因果関係を識別するためにナンが用いたのは、操作変数法と呼ばれる計量経済学の手法である（操作変数法について、詳しくは西山他〔2019〕等の計量経済学の教科書を参照してほしい）。操作変数となりうるのは、原因と想定される奴隷輸出人数／面積と相関し、同時に現代の1人当たりGDPとは直接には相関しない変数である[2]。もしこのような変数がうまくみつかれば、まず奴隷輸出人数／面積をその変数に回帰し、そこから得られた奴隷輸出人数／面積の予測値に現代の1人当たりGDPを回帰するという2段階の推定を行うことで、奴隷輸出人数／面積と各国の現代の1人当たりGDPの間の因果関係を識別することができる。

表10－4　奴隷輸出の現代アフリカの貧困へのインパクト

(A) 第1段階

被説明変数：ln(奴隷輸出人数／面積)		
南北アメリカの主要港との距離	−1.31	(0.357)
インド洋対岸の主要港との距離	−1.10	(0.380)
アフリカ北岸の主要港との距離	−2.43	(0.823)
紅海沿岸の主要港との距離	−0.00	(0.710)
F 値	4.55	

(B) 第2段階

被説明変数：ln(2000年の1人当たりGDP)		
ln(奴隷輸出人数／面積)	−0.208	(0.053)
F 値	15.40	
観測数	52	

（注）（　）内は標準誤差。
（出所）Nunn（2008）より作成。

　ナンは、(1)アフリカ各国の重心から最も近い港と南北アメリカの主要輸入港との間の距離のうち最短のもの、(2)アフリカ各国の重心から最も近い港とインド洋対岸の主要輸入港との間の距離のうち最短のもの、(3)各国の重心とアフリカ北岸の主要市場との距離のうち最短のもの、(4)各国の重心と紅海沿岸の主要市場との距離のうち最短のもの、の4つの変数を操作変数として用いた。2段階推定の結果は表10－4の通りである。パネルAには1段階目の推定結果が表示されている。期待通り、距離が遠いほど奴隷の輸出は少ないという結果になっている。この推定結果を用いて2段階目の推定を行うとパネルBのような結果が得られる。操作変数を用いて内生性を除去しても、歴史上の奴隷輸出は現代の1人当たりGDPに有意にマイナスの影響を与えている。そして、2列目の式の奴隷輸出人数／面積の係数 −0.208 は、こ

の値が 1 ％大きいと現代の 1 人当たり GDP が0.208％小さくなるという関係を示している。歴史上の奴隷輸出が現代の 1 人当たり GDP に与えるマイナスのインパクトはかなり大きいといえる。

5　おわりに

　本章では、経済史研究と経済学との関係を 3 つの角度から、それぞれ具体的な研究に即して説明してきた。経済史研究に経済学や計量経済学がどのように利用され、また経済史研究が経済学にどのように貢献できるかについて理解していただけただろうか。あわせて経済史研究者の研究の営みの一端を知っていただければ幸いである。経済史は、経済学、計量経済学、歴史学等の関連書分野で蓄積されてきた知見を文字通り縦横に駆使し、それを資料やデータと適切に組み合わせることを通じて、経済・社会・歴史のより深い理解をめざす研究分野である。それだけに、経済史研究者には幅広い能力と知的好奇心が必要とされる。

　ジョン・メイナード・ケインズは、新古典派経済学の基礎を確立したアルフレッド・マーシャルの評伝の中で、優れた経済学者が備えるべき能力について、「彼はある程度まで、数学者で、歴史家で、政治家で、哲学者でなければならない。彼は記号も分かるし、言葉も話さなければならない。彼は普遍的な見地から特殊を考察し、抽象と具体とを同じ思考の動きの中で取り扱わなければならない。彼は未来の目的のために、過去に照らして現在を研究しなければならない」と述べている（ケインズ 1980、p.233）。経済史研究者に必要とされるのはまさにこのような資質であり、こうした資質を持つ人材が経済史研究に取り組むことによって、経済・社会・歴史の理解が大きく前進することが期待される。

次のステップに向けて

①は、経済成長、制度と経済発展、市場経済、生産組織、金融等、経済史の主要なトピックについて文献を紹介しつつ研究のアプローチについて解説している。学部、大学院で経済史を初めて学ぶ学生を念頭に置いて書かれた教科書である。

① 岡崎哲二 (2016)『コア・テキスト 経済史（増補版）』新世社

ヨーロッパ、アメリカ、日本の経済史についてそれぞれ体系的な分析と記述を意図した基本的な文献として、以下の③〜⑥のシリーズが挙げられる。

③ Broadberry, S. and K. H. O'Rourke eds. (2010) *The Cambridge Economic History of Modern Europe*, vol. 1, 2, Cambridge University Press

④ Engerman, S. L. and R. E. Gallman eds. (1996, 2000) *The Cambridge Economic History of the United States*, vol. 1, 2, 3, Cambridge University Press

⑤ 梅村又次他編 (1988、1989)『日本経済史』第 1 〜 8 巻、岩波書店

⑥ 深尾京司・中村尚史・中林真幸編 (2017、2018)『日本経済の歴史』第 1 〜 6 巻、岩波書店

また、本章では取り上げなかったが、経済史のゲーム理論的分析を行った研究書として⑦がある。

⑦ アブナー・グライフ (2009)『比較歴史制度分析』岡崎哲二・神取道宏監訳、NTT 出版

経済史に関する主要な専門誌として、*Journal of Economic History*, *Economic History Review*, *Explorations in Economic*

History の 3 誌がある。また近年は、経済学のトップ・ジャーナル（5 大誌）にも経済史に関する論文が掲載されるケースが増えている。たとえば、以下のような論文がある。

Braguinsky, S., A. Ohyama, T. Okazaki and C. Syverson（2015）"Acquisitions, Productivity, and Profitability: Evidence from the Japanese Cotton Spinning Industry," *American Economic Review*, 105（7）: 2086-2119

Cantoni, D., J. Dittmar and N. Yuchtman（2018）"Religious Competition and Reallocation: The Political Economy of Secularization in the Protestant Reformation," *Quarterly Journal of Economics*, 133（4）: 2037-2096

Lowes, S., N. Nunn, J. A. Robinson and J. L. Weigel（2017）"The Evolution of Culturt and Institutions: Evidence from the Kuba Kingdom," *Econometrica*, 85（4）: 1065-1091

注
1）外国との間の物品の売買を輸出・輸入というのに対応して、本国と植民地との間の物品の売買を移出・移入という。
2）直接にではなく、奴隷輸出を媒介としてのみ現代の 1 人当たり GDP と相関する。

参考文献
ケインズ、J. M.（1980）『人物評伝——ケインズ全集 第10巻』大野忠男訳、東洋経済新報社。
西山慶彦・新谷元嗣・川口大司・奥井亮（2019）『計量経済学』有斐閣。
ブロック、M.（2004）『歴史のための弁明——歴史家の仕事』松村剛訳、岩波書店。
Barro, R. J.（1978）"Unanticipated Money, Output, and the Price Level in the United States," *Journal of Political Economy*, 86: 549-580.
Bernanke, B.（1983）"Nonmonetary Effects of the Financial Crisis in the Propagation of the Great Depression," *American Economic Review*, 73（3）: 257-276.
Friedman, M. and A. Schwartz（1963）*A Monetary History of the United States,*

1867-1960, Princeton University Press.

Lucas Jr., R. E. (1972) "Expectation and the Neutrality of Money," *Journal of Economic Theory*, 4 (2): 103-124.

Nakajima, K. and T. Okazaki (2018) "The Expanding Empire and Spatial Distribution of Economic Activity: The Case of Japan's Colonization of Korea during the Prewar Period," *Economic History Review*, 71 (2): 593-616.

Nunn, N. (2008) "The Long-Term Effects of African Slave Trades," *Quarterly Journal of Economics*, 123 (1): 139-176.

Temin, P. (1976) *Did Monetary Forces Cause the Great Depression?* W. W. Norton.

11

会計情報開示の意味

〈 財務会計と情報の経済学 〉

首藤昭信

テーマ

経済の中で会計情報が果たす役割と
機能を明らかにする

具体例

株式市場と会計情報、経営者報酬契約と
会計情報、経営者による利益調整

1　はじめに：会計学の体系

会計学とは

　「会計学」の定義を正確に行うことは容易ではないが、会計学が「会計」という行為を対象とした学問であることにおそらく異論はないだろう。会計と聞いて多くの人が思い浮かべるのは、新聞紙上等で報道される赤字や増益といった企業業績、すなわち企業の決算報告かもしれない。

　より教科書的に定義をすると「会計（accounting）は、ある特定の経済主体の経済活動を、貨幣額などを用いて計数的に測定し、その結果を報告書にまとめて利害関係者に伝達するためのシステム」となる（桜井 2019）。つまり会計とは、(1)企業活動を測定し、その結果を財務諸表に集約する、(2)それを利害関係者に開示・伝達する、という2つの段階に分けることができる（図11-1参照）。そして、このシステムと、それによって生じる経済的影響を分析対象とするのが会計学である。

会計学の分析手法

　では会計学は、この会計というシステムをどのように分析するのだろうか。欧米と比較して、日本の会計研究は分析アプローチが多様であり、それゆえ会計学の一般的な理解を困難にしているように思われる。日本における会計学のイメージは、「会計制度を対象として、会計処理およびその背後にある基礎概念を理論的に検討する」というものが多い。このアプローチは一般に「規範的会計研究」と呼ばれる。会計士・税理士といった資格試験の問題内容とも重複するため、このアプローチを学問としての会計学と理解している人も少なくない。図11-1の中では、財務諸表を

図11-1　会計学の体系

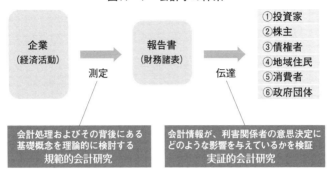

作成するための測定プロセスに注目した研究領域となる。会計制度の理解や設計に有益なアプローチであり、現在の欧米ではあまり見られない日本の財務会計研究の特徴となっている。

　一方、欧米の会計学は、経済学に依拠した実証研究が主流となっている。とりわけアメリカでは、1960年代に規範的会計研究から「実証理論（positive theory）としての会計学」に移行したという歴史がある。現行の会計基準では、ある事象に対して、経営者が複数の手続きの中から1つの方法を選択することが認められている。たとえば、固定資産に対する減価償却の計算方法として定額法や定率法といった複数の会計手続きがある中から1つを選ぶことが認められている[1]。

　それまでの規範的会計研究は、たとえば定率法と定額法のいずれの会計手続き選択を採用すべきか、という規範的な命題を扱っていたのに対して、多くの経営者が定額法ではなく定率法を採用するのはなぜか、という因果推論を目的とする視点が重視されるようになった。経済理論に基づいて設定された仮説は、主に会計数値を用いた実証研究によって検証される。このような実証的会計研究は、図11-1の財務諸表の伝達プロセスに着目した研究と

なる。この領域を確立した Watts and Zimmerman（1986）と Beaver（1981）は、ともに経済学を基礎にした会計学の理論と調査方法を詳述した書物であり、事実解明的な会計研究を体系化した。当時の会計学専攻の大学院博士課程の標準的なテキストとして普及し、現代の会計研究の潮流を生み出したのである。

経済学ベースの実証会計学へ

　徳賀・大日方（2013）は、日本における会計研究の主要な学術誌である『會計』に掲載された財務会計に関する論文（1978年から2008年までの2353本）の分析アプローチを分類した結果、規範的会計研究が最も多く、論文全体の53.2％を占めることを示した。また実証研究の割合は、9.65％であり規範的会計研究を大きく下回ることがわかった。しかし実証研究の割合は年々増加傾向にあり、調査期間の最終年度である2008年には21.84％まで上昇していた。一方、アメリカ会計学会の学会誌である *The Accounting Review* の調査結果を見ると、2008年における実証研究の割合は91.11％であった。現在の欧米のトップ・ジャーナルに掲載されるほとんどの論文は、経済理論に基づく実証研究となっており、残りの論文も経済学の数理モデルに基づく会計理論研究が大半を占める。

　このように、日本の会計研究には、規範的会計研究と実証的会計研究が混在しており、会計学の初学者がその全体像をつかむのが難しくなっている。規範的な会計学は会計制度の理解には必須の学習内容となるため、多くの日本の大学では低学年の基礎科目に割り当てられることが多い。また実証研究の理解は、学部高学年や大学院で研究を進める者にとっては不可欠のものとなる。本章では、初期の実証会計理論の概要を説明することによって、規

範的な会計学から経済学ベースの実証的な会計学へと学習を進める学生の橋渡しとなるような説明を行いたい。

2　財務会計の機能

会計の意義を理解するためには「なぜ企業は会計情報を開示するのか」という問いを考えるとよい。経済的な取引が行われるとき、取引の当事者全員に必要な情報が行き渡らず、ごく一部の当事者だけに情報が偏在する現象を、「情報の非対称性」という。会計は、この情報の非対称性により発生する2つの問題を緩和するために活用されている。

逆選択

情報の非対称性に起因する1つめの問題は「逆選択」（adverse selection）である。取引される財とサービスの品質について、売り手と買い手の間に情報の非対称性があれば、逆選択の問題が生じる。経済学者のアカロフは、中古車市場を例にして、情報の非対称性が存在すると、低品質の財（レモンと呼ばれる）が市場を支配し、市場の効率性を損なうことを示した（Akerlof 1970）。会計学の文脈で問題となるのは、株式や社債などが取引される証券市場で発生する逆選択である。証券の発行企業は、自社に関する情報を有しているため、投資家よりも当然情報優位な状況にある。このような場合、投資家は業績が悪化している企業が発行する低品質の証券を売りつけられる可能性があるため、それを織り込んだ価格設定が行われる。結果として、証券の価格は市場における平均的な品質に対応して決定され、高品質の証券にも低品質

の証券にも同じ価格が設定されることになる。

この場合、本当は企業価値が高く、高品質の証券を発行できる企業は証券市場を利用する動機が弱くなる。一方、企業価値が相対的に低く、低品質の証券しか発行できない企業は高品質の証券と同じ価格で資金調達が可能であるから、証券市場を利用する動機が強くなる。この結果、証券市場は企業価値の低い企業の証券で溢れることになり証券市場は崩壊する、というのが逆選択の理論的な帰結である。

この証券市場における情報の非対称性を緩和し、逆選択を防止することが会計の1つめの役割である。このような会計の機能は「意思決定支援機能」と呼ばれる（須田 2000）。たとえば、わが国の金融商品取引法は、有価証券の発行を利用して5億円以上の資金調達を行う場合、有価証券届出書と目論見書の提出を義務づけている。それらの提出書類の中核をなすのが、公認会計士が内容に疑義がないかきちんと確認した監査済みの財務諸表となる。投資家は、財務諸表に記載されている会計情報を利用して証券の品質を評価することができる。またこのような強制的なディスクロージャーだけでなく、企業は自主的な情報開示（IR）を行うことも知られている。逆選択は、投資家だけでなく優良企業にとっても資金調達コストの増加を招くので、開示のインセンティブが働くのである。

モラル・ハザード

情報の非対称性がもたらすもう1つの問題は「モラル・ハザード」（moral hazard）である。モラル・ハザードの問題は、契約を結ぶことで契約当事者の行動が変化し、最終的に契約当事者のすべてが損失を被る現象と定義される。こうした状況を分析対象

とする「エージェンシー理論」では、契約関係を本人（プリンシパル）と代理人（エージェント）の関係（エージェンシー関係）として捉え、代理人の行動が本人の利害と一致しないときに発生する問題（モラル・ハザード）の構造を明らかにし、その問題に対処する方法を考察する。モラル・ハザードに起因する機会費用、およびその抑制に伴うシステム設計費用は「エージェンシー費用」と呼ばれる。

株主（本人）と経営者（代理人）の関係は、エージェンシー関係の典型例である。たとえば、株主と経営者の雇用契約締結後、経営者は自己の私的便益を追求して、株主の望む通りに行動せず企業価値を低下させるかもしれない。株主は、経営者の行動に関して情報劣位の状況にあるため、経営者の行動を直接観察することができない。そのため株主に不利益が生じたとしても、それが経営者の努力の低下によるものなのか、他の偶発的な要因に起因するのかを株主は判断できず、経営者のモラル・ハザードは助長されることになる。このようなモラル・ハザードが経常的に発生すれば、株式会社制度自体の存続が危うくなる。

そのため経営者のモラル・ハザードを抑制するシステムが必要となる。モラル・ハザードを回避するためには、契約当事者間で相手の行動を監視できるよう、情報の非対称性をできるだけ緩和するシステムが望まれる。あるいは、経営者と株主の利害をできるだけ一致させるようなシステムを設計し、モラル・ハザードの発生確率を抑えることが有用な方策となる。会計学が注目するのは、このモラル・ハザードを削減するシステムの中で会計情報が果たす役割である。

そのようなシステムとして、「モニタリング・システム」と「インセンティブ・システム」がある（須田 2000）。モニタリング・システムでは、本人が代理人の行動を監視するために、モラ

ル・ハザードに関する情報を収集するシステムである。代表的な例は、企業の財務報告である。株主は、経営者が報告する会計利益や純資産の増減を定期的に確認することで、経営者の努力を評価することができる。またインセンティブ・システムは、企業業績を経営者の報酬に連動させるような契約を通じて、株主と経営者の利害を一致させ、エージェンシー費用の削減を試みるものである。会計学の観点から重要となるのは、このシステムにおいて会計情報が活用されていることである。利益連動型報酬契約（ボーナス制度と呼ばれる）は、業績に応じて経営者にボーナスを支払う契約であるが、業績を測定する尺度として、会計利益が利用されている。このように契約当事者間の利害対立を減少させるシステムの中で会計情報が活用され、エージェンシー費用を削減する機能は「契約支援機能」と呼ばれる（須田 2000）。

　会計学が分析対象とする契約は、経営者と株主のエージェンシー関係だけではない。債務契約における株主と債権者の利害対立、政府契約における企業と政府の利害対立といった局面に注目し、モラル・ハザードを抑制するシステムにおいて会計情報が活用されていることが理論的・実証的に解明されている。

　以上を要約すれば、情報の非対称性に起因する逆選択とモラル・ハザードという2つの問題を緩和するために、会計には意思決定支援機能と契約支援機能が期待されている。会計学は、この2つの機能を実証的に評価するために、証券市場と契約という2つの局面に注目して研究を進展させてきた。次節以降では、実証的会計研究が台頭した初期の研究成果を紹介しよう。

3　株式市場と会計情報

会計情報の潜在的有用性

　アメリカの規範的会計研究は、会計情報は投資家に利用されていることを前提として、その意義に関する検討を行っていた。しかし、そもそも投資家は意思決定を行う際に会計情報を見ているのか、という根本的な疑問が生じた。会計情報が本当に投資家に利用されているかどうかは実証的な問題である。このような関心から会計情報の株式市場における有用性を検証する研究が始まった。

　会計情報が株式投資家に利用されているかどうかを検証するために会計学が理論的に依拠したのは「資本資産評価モデル」（Capital Asset Pricing Model：CAPM）と「効率的市場仮説」であった。ポートフォリオ理論を展開した資本資産評価モデルは、個々の証券の市場価格が決定されるメカニズムを説明しようとしたものであり、会計学における会計情報の有用性の概念を構築する際の理論的支柱となった。また、証券市場における会計情報の有用性を検証する際の重要な仮定は効率的市場仮説に求められた。効率的な市場とは「入手可能な情報を十分に反映している、かつ価格が新情報に即座に反応する市場」と定義される（Fama 1970）。1970年代のファイナンス研究では、アメリカの証券市場は半強度の効率性を有することが示されていた。半強度の効率性とは、新聞記事や会計情報などの公開された情報を十分に反映しており、そのような情報開示に対して株価が迅速に反応することを意味する。

　当時のアメリカの会計研究では、この半強度の市場の効率性を前提として、会計利益と株価の関連性を検証する研究が進められた。半強度の効率性を前提とした場合、会計利益と株価の間に統

計的に有意な関連性があれば、会計情報にリスクとリターンに関する投資家の期待を修正させるような情報が含まれていると判断できるためである。したがって会計利益と株価の関連性は、会計情報が株式市場において情報内容（information content）を有し、有用（usefulness）であることを意味する。

この観点から会計情報の株式市場における有用性を最初に検証した論文は、Ball and Brown（1968）と Beaver（1968）である。Ball and Brown（1968）の分析目的はきわめて単純で、「会計利益が投資家の期待以上に増加（減少）した場合、投資収益率が市場平均よりも増加（減少）するか」というものであった。この仮説を検証するために、期待外利益と異常投資収益率の関係を分析した。

期待外利益とは、投資家の期待以上に利益が変動しているかを意味し、たとえば増益や減益が最も単純な指標となる。また異常投資収益率は、企業の株価が市場平均よりも大きく変動しているかを意味する。彼らは、期待外利益が高い Good News 株式群と期待外利益が低い Bad News 株式群にサンプルを2分割し、決算公表月の12カ月前から異常投資収益率を累積した結果を提示した。

図11-2がその結果である。図から以下の2点が見て取れる。1つは、仮説と一致して、Good News 株式群の異常投資収益率は利益公表月（0）の12カ月前から上昇しており、反対に Bad News 株式群の異常投資収益率は減少していることがわかる。これは会計利益と株価動向との正の相関関係を示す証拠であり、会計利益情報の有用性を示唆するものである。そして2つめは、利益公表後の累積異常投資収益率はほとんど変動がなく、期待外利益情報と異常投資収益率に対応関係が認められない点である。これは半強度の効率的市場仮説と整合して、利益情報の公表とほぼ同時に市場が利益情報を株価に織り込んだことを意味する。

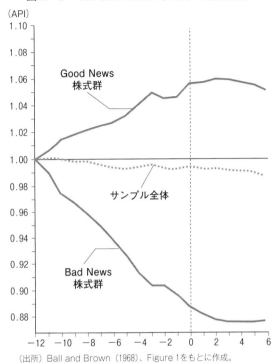

図11-2 Ball and Brown（1986）の調査結果

(API)

Good News
株式群

サンプル全体

Bad News
株式群

（出所）Ball and Brown（1968）、Figure 1をもとに作成。

　また Beaver（1968）は、Ball and Brown（1968）が注目した
利益と投資収益率の符号を問題とせず、利益公表時の株式市場の
反応を調査した研究である。分析の詳細は割愛するが、利益公表
週の異常投資収益率の分散の大きさに着目して、利益公表週に相
対的に大きな株価反応があることを示した。これは、年次利益の
公表が市場に情報を提供したという Ball and Brown（1986）の
結果と一致しており、年次利益情報が株式投資に有用な情報とな
っていることを示唆している。

以上の２つの研究は、会計利益情報の有用性を実証的に検証した記念碑的な研究であり、そのインプリケーションは非常に大きい。当時の研究が暗黙裡に仮定していた会計利益情報の有用性を、実証研究を通じて明らかにしたのである。ただし、この会計利益情報の有用性は、公表される利益情報を前もって入手した場合という仮定に基づいており、潜在的有用性でしかないということに注意する必要がある。

会計情報の実際的有用性

　会計利益と株価の関係を検証した初期の研究は、会計情報の潜在的有用性を示唆するとともに、アメリカの株式市場が半強度で効率的であることを示していた。情報が公表されてからそれに基づいて証券投資活動を行っても、市場の平均を上回る投資収益率（異常投資収益率）を連続して獲得することはできないためである。利益情報が実際的有用性を持つためには、情報公表後にそれを用いて市場平均を上回る投資収益率を獲得することが必要となる。この現象は効率的市場仮説の示唆とは一致しないため、「アノマリー」（anomaly）と呼ばれる。

　会計利益情報の有用性という点について、効率的市場仮説は深刻なパラドックスを有していることに注意すべきである。効率的市場仮説では、開示されるすべての会計情報は迅速に株価に織り込まれるため、過大または過小評価された証券は存在せず、投資家は会計情報を利用して市場平均を上回る投資収益率を獲得することはできない。そのような状況下では、投資家は会計情報を利用するベネフィットがなくなり、会計情報に関心を持たなくなる可能性がある。結果として、会計情報に対して市場は効率的ではなくなるというパラドックスが生じるのである。

一定程度の非効率性（アノマリー）が証券市場には存在するからこそ、投資家は会計情報を分析する動機を有し、市場が効率的となると考えられる。したがって、証券市場における会計情報に関するアノマリーの存在、すなわち会計情報の実際的有用性を確認することも会計学の重要な関心となるのである。

　上記の点を勘案しつつ、投資戦略における会計情報の意義についてさらに考察を深めていきたい。投資戦略は、一般に、パッシブ戦略とアクティブ戦略に大別される。パッシブ戦略とは、効率的市場仮説を受け入れ、ポートフォリオ・リスクに見合ったリターンの獲得、すなわち平均的投資収益の獲得を目指す戦略である。分析能力が高くない一般投資家に向いている戦略となる。そのような場合に会計情報に期待される主な役割はリスクの推定にある。

　一方、アクティブ戦略とはアノマリー等を活用して、市場平均を上回る投資収益の獲得を目指す。公表情報に対して迅速に対応して投資行動に移せる投資家や、情報を分析することで過大または過小評価された銘柄を発見できる投資家のみが採用できる戦略となる。この場合、会計情報に期待される 2 つの役割は、(1) 会計数値が公表された直後に分析を行い、期待外に良い（悪い）業績であった場合には、迅速に購入（売却）する、(2) 公表された財務諸表から将来の業績や利益数値を予測する、といったことである（桜井 2013、2017）。Ball and Brown（1968）と Beaver（1968）以後の資本市場研究は、アクティブ戦略の基礎となるいくつかの会計数値に基づくアノマリーを報告している。ここでは、その代表的な 4 つの事例を紹介しよう（音川 2013）。

　1 つめは、「利益発表後の株価のドリフト」（Post-Earnings Announcement Drift：PEAD）である。PEAD とは、利益発表に対する株価の反応が迅速に完了せず、予想外に良好な利益を発表した企業の株価はその後の期間にわたって上昇し、予想外に低

調な利益を発表した企業の株価は下落し続けるという現象をいう（音川 2013）。この場合の戦略はきわめて単純で、利益発表直後に、利益が予想外に良好であった銘柄を買い、利益が予想外に低調であった銘柄を空売りすればよい。Ball and Brown（1968）でもPEADの存在を示唆する結果が得られていたが、後続の研究はより精緻な分析方法を用いて、PEADに依拠して異常投資収益率が獲得できることを示した（Foster, Olsen and Shevlin 1984）。

　2つめは、「会計発生高アノマリー」である。会計利益はキャッシュ・フローと会計発生高（accruals）に分類される。会計発生高は、会計上の見積もりなどのキャッシュ・フロー以外の会計要素をすべて集約させたものと定義される[2]。経営者の裁量に伴う見積もり部分はここに集中しており、キャッシュ・フロー情報よりも信頼性が低く、結果として次期利益との相関関係で測定する持続性（persistence）が低いことが予想される。Sloan（1996）は、会計発生高が相対的に低い企業の株式を購入し、高い企業の株式を空売りすることで、異常投資収益率を獲得できることを示している。これは投資家が公表情報である会計発生高とキャッシュ・フローの持続性の相違を識別できていないという点においてアノマリーの1つとなる。

　3つめは、「ファンダメンタル分析」である。財務諸表分析を行うことによって「利益の予測モデル」を構築し、将来業績が良い（悪い）企業の株式を購入（売却）する戦略である。Ball and Brown（1968）の結果は、期待外利益の情報は12カ月前から株価に織り込まれていることを示唆していた。ならば、公表された会計数値に基づいて次期の公表利益を正確に予想できれば、異常投資収益率の獲得が可能となる。Ou and Penman（1989）は、68の財務比率を用いて利益の予測モデルを構築し、増益が予想される

企業の株式を購入し、減益が予想される企業の株式を空売りすることによって、異常投資収益率を獲得できることを示している。

4つめは、「残余利益モデル」である（Ohlson 1995）。Ou and Penman（1989）は、会計情報の実際的有用性の可能性を示したが、会計情報と企業価値を結びつける評価モデルを展開することはなかった。ファンダメンタル分析の理論的枠組みを構築したのはOhlson（1995）である。Ohlson（1995）は、伝統的な株価形成モデルである割引配当モデルを会計学の観点から展開することで、株価が純資産簿価と将来の残余利益の現在割引価値の2要素で決定されることを示した。

このモデルに従って導出された評価額は、株式の本源的価値（intrinsic value）と呼ばれる。Frankel and Lee（1998）はこのモデルで示された本源的価値を判断の根拠として、誤って価格形成されている銘柄をみつけ出し、高い異常投資収益率が獲得できることを示した。このモデルは、アノマリーの例証というよりは、会計学に依拠した企業価値評価モデルの誕生を意味する。おそらく現在では、このモデルに依拠した異常投資収益率の獲得は見込めないが、それは会計・金融実務に残余利益モデルが浸透したことを意味する。

以上の結果は、企業の決算報告や財務諸表分析を行うことによって、市場平均を上回る投資収益率を獲得することが可能であることを示唆している。しかし上記の結果をもって、証券市場は非効率であると結論づけるのは早計である。これまでの会計学とファイナンスの膨大な実証研究を勘案すれば、証券市場は非常に高い効率性を有しているのは明らかであり、市場の一角またはある種の会計情報に関しては、非効率な部分が順次生起しては解消されていると考えるのが現実的であろう（桜井 2010、p.2）。会計学の観点から重要な示唆は、会計情報は実際的有用性を持つとい

う事実であり、投資家のための重要な情報源となっているということである。

4　契約と会計情報

契約の束としての企業と会計情報

　1970年代前半までの会計研究では、上述したような資本市場ベースの会計学の実証研究が先行していた。そこでは、効率的市場仮説に依拠することで、会計情報の有用性を示唆する複数の経験的証拠が蓄積された。しかし当時は、効率的市場仮説では説明できない経営者の会計行動が存在した。それは、経営者が特定の会計手続きを選好することである。会計基準は、経営者に複数の会計手続き選択の中から1つを選択することを認めており（たとえば、定率法と定額法の選択）、選択する会計手続きに応じて報告利益が変動する。経営者は概して、利益を増加させる会計手続きを好む傾向にあった。しかし仮に経営者が会計手続きを変更して利益を増加させたとしても、その変更に関する情報は財務諸表の脚注で開示されるため、投資家はその影響を修正計算することができる。効率的市場仮説のもとでは、投資家はそのような変更情報も意思決定に織り込み、企業のキャッシュ・フローに影響を与えない会計手続き選択の変更には反応しない。言い換えれば、経営者は会計手続き選択を変更して会計利益を底上げしても投資家をだますことはできないのである。

　キャッシュ・フローに影響を与えない会計手続き選択に経営者が関心を持つことに対して、既存の理論（効率的市場仮説）は説明を行うことができない。そこで当時の会計研究は、企業を「契約の束」（nexus of contract）として見る企業理論に注目した。

そして、契約コストを最大限に小さくできるような「効率的契約」（efficient contracts）の中で会計情報が果たす役割を、会計の契約支援機能と呼んだのである。

　契約の中で会計数値が利用されるのであれば、証券市場とは別の論理で経営者行動を説明することができる。利益連動型報酬契約が締結されている企業の経営者は、仮に会計利益が株価形成に与えなくても、会計手続きを変更して報告利益を増加させるインセンティブを持つであろう。なぜなら、利益連動型報酬契約のもとで、利益の増加分に応じて自己のボーナスが増加するためである。

経営者の報酬契約

　初期の会計研究が注目した契約は、(1)報酬契約、(2)債務契約、(3)政府契約の3つであった。ここでは、報酬契約に注目して、当該研究領域の概要を説明しよう。すでに述べた通り、経営者報酬契約では、株主が本人、経営者が代理人というエージェンシー関係が想定される。経営者の報酬を企業業績と連動させることによって、経営者と株主の利害を一致させ、モラル・ハザードを防止するシステムとなる。

　効率的な経営者報酬契約を設計するためのポイントは3つある（須田 2000）。1つは、インセンティブの強度とリスク分担である。業績連動型報酬契約を設定する場合、経営者にどの程度のインセンティブを付与するのか、また経営が失敗した場合のリスクを経営者と株主でどの程度分担するのかは、経営者行動に大きな影響を与える。通常、経営者の報酬は、固定給と変動給（ボーナス）に分類され、業績連動型報酬は変動給を意味する。経営者報酬契約の設計によって経営者行動がどのように変化するのか簡単

に考察してみよう。

　まず経営者にボーナスを設定せず、固定給のみを支払うケースを考える。経営者は、いくら頑張っても一定の報酬しかもらえないため、経営努力を向上させるインセンティブは生じない。また経営が失敗して多額の損失を出したとしても、経営者には固定給の支払いが確約されているため、株主がすべてのリスクを負担することになる。これは経営者のモラル・ハザードを誘発する。

　一方で、固定給を廃止して、すべての報酬を業績連動型報酬にした場合には何が起こるだろうか。この場合、業績が悪化すると経営者も報酬の低下という不利益を被るため、株主は経営者とリスクを分担できる。また経営者のインセンティブはきわめて大きくなる。一見良さそうに見えるが、経営者のリスク負担が過重になる点に注意が必要である。株主が選好する投資プロジェクトを経営者は実行せず、リスクの少ない経営に終始する可能性がある。したがって、固定給とボーナスを適切に組み合わせることは合理的なシステムとなることがわかる。「固定給」と「ボーナス」の比率を調整することによって、経営者の意思決定をコントロールすることも可能となる。

　2つめのポイントは、インセンティブ効果の及ぶ期間である。業績連動型のインセンティブ契約には、短期の業績に基づいて報酬を決定するものと、長期の業績に基づいて報酬を決定するものが存在する。短期インセンティブ契約の代表例は、年次の会計利益に基づいて報酬額を決定するボーナス制度である。また長期のインセンティブ契約には、ストック・オプションや譲渡制限付株式などがある。この短期と長期のインセンティブ契約の組合せは、経営者の意思決定の範囲（decision horizon）に影響を与える可能性がある。

　たとえば、ある企業が短期の利益連動型報酬制度のみを採用し

ている場合、経営者に長期的な収益性を犠牲にして短期の利益を獲得する行動を促す可能性がある。これは近視眼的行動（myopic behavior）の問題と呼ばれる。したがって短期と長期のインセンティブ・システムを併用することは1つの解決策となる。

　3つめは、経営者の業績測定尺度の選択である。業績連動型報酬契約は、文字通り業績に連動して報酬を支払うシステムであるが、この業績について何を利用すればよいのかは重要な問題である。経営者報酬契約がエージェンシー費用を削減するシステムとして機能するためには、契約で利用される業績測定尺度が経営者の努力を適切に反映していなければならない。現在の報酬システムで最もよく利用されている業績測定尺度は、会計利益と株価である。この2つの業績測定尺度は、それぞれ特徴を有する。

　各業績尺度が経営者の経営努力を反映するためには、経営者による恣意的な操作の影響がないほうがよい。株価は、経営者が簡単に操作することはできないが、会計利益は操作される可能性がある。また各尺度が、経営者の努力とどのくらい相関しているかも重要なポイントである。会計利益は経営者がほぼ管理可能であり、努力との相関は高い。しかし株価は、経済環境の変化といったマクロ要因や場合によっては仕手戦[3]の影響を受ける可能性もあり、経営者の努力とは無関係な要因で変動することがある。したがって、各業績尺度は一長一短の特徴を有する。各尺度の特徴を理解したうえで報酬契約に組み込むことが重要となり、併用することはそれぞれの短所を補う1つの解決策となるであろう。

　このような効率的報酬契約の理論をベースとして、アメリカの経営者報酬契約は設計されていることがわかる。たとえば、多くの企業の経営者報酬契約では、固定給に加えて多額の報酬が業績連動型契約によって支払われている。また業績連動型報酬は、短期の利益連動型報酬と長期の株価ベースのインセンティブ報酬が

併用されている。その中で、異なる業績尺度が採用されている。

報酬契約における会計の役割

　会計学の観点から重要となるのは、このような効率的な報酬契約の中で会計がどのような役割を果たしているのか、ということである。効率的な報酬契約を設定するうえで、会計利益に依拠した報酬制度が不可欠なのであれば、報酬契約を通じて会計情報がエージェンシー費用を削減し、企業価値の向上に寄与しているといえるだろう。ここに会計の契約支援機能が確認されるのである。

　さらに、報酬契約における会計の役割を理解するために、さまざまな実証研究が行われている。たとえば初期の研究では、実際に経営者報酬は利益と連動して決定しているのかという観点から、会計利益と経営者報酬の相関関係に焦点が当てられた。多くの研究は、経営者報酬は実際に会計利益の増減に応じて決定していることを示しており、利益連動型報酬契約の存在が確認された（Murphy 1999）。

　また会計利益と株価を比較した場合、一般に、会計利益のほうが経営者の現金報酬と関連性が高いが、成長企業においては、株価を業績測定尺度として重視することがわかった（Lambert and Larcker 1987）。株価は会計利益と比較して将来業績を反映する指標であるため、成長企業には長期的な視点に立った経営を促している可能性を示唆するものである。

　さらに経営者の雇用期間が限定的な場合（たとえば経営者が定年退職を控えている場合）、研究開発費を裁量的にカットして利益額を増加させ、多額の報酬を受け取ろうとする近視眼的な意思決定の問題が発生することもわかっている（Dechow and Sloan 1991）。これらの結果は、報酬制度の設計が経営者の意思決定に

影響を与えることを示す結果となる。

　業績測定尺度としての会計利益と株価の比較については、株価に経営者の努力以外のノイズが多く含まれている企業ほど、経営者報酬契約に会計利益が利用されていることがわかっている（Sloan 1993）。これは各業績測定尺度の特徴を勘案して、効率的な報酬契約が締結されていることを示唆する結果である。

利益連動型報酬契約と利益調整

　利益連動型報酬契約は、株主と経営者の利害対立を緩和し、エージェンシー費用の削減に貢献していることを確認したが、同契約は経営者に機会主義的な行動を誘発する可能性がある。それは報告利益を調整して、獲得するボーナス額を増加させようとする行動である。会計基準のルールを逸脱して、報告利益を恣意的に操作することは禁じられている。しかし現行の会計基準は経営者にいくぶんかの裁量を認めており、それにより経営者は報告利益を調整することが可能となる。すでに述べた通り、会計手続きの選択や、発生主義会計の枠内での見積もりの調整などは、会計基準の範囲内で経営者に認められた裁量である。このような経営者による報告利益の操作は「利益調整」（earnings management）と呼ばれ、初期の研究では会計発生高が代理変数として利用された。

　また会計基準の範囲内で行われる利益増加型の利益調整は将来の利益を現在に移行する手続きであり、利益減少型の利益調整は現在の利益を将来に繰り延べる手続きとなる。そのため、ある時点で利益を増加させた企業は後に利益が減少し、利益を減少させた企業は後に利益が増加するという性質を有する。この性質は、「会計発生高の反転」（accruals reverse）と呼ばれる。

経営者報酬契約における経営者行動は、「ボーナス制度仮説」（bonus plan hypothesis）と呼ばれる。具体的には、ボーナス制度を有している経営者は受け取るボーナスを最大化するような会計手続き選択を行うことを予測する。初期の研究は、実際にボーナス制度を導入している企業をサンプルにとり、導入していない企業と比較して、利益増加型の会計手続き選択がとられているかどうかを検証した。多くの研究において、ボーナス制度を導入している企業ほど利益増加型の会計手続きを選択していることが例証されており、ボーナス制度仮説はおおむね支持されている。

　しかし初期の研究には2つの問題点があった。1つは、会計手続き選択のみに注目しても経営者の利益調整の明確な意図を確認できないという問題点である。たとえば、複数の会計手続き選択に注目した場合、利益増加型と利益減少型の会計手続き選択が同一企業内で併用されている場合、経営者は利益を増加させたいのか減少させたいのか特定できない。そして2つめの問題点は、初期の研究は、利益連動型報酬契約の有無だけに注目し、その契約内容の詳細を検討していないことである。これは経営者報酬契約における経営者の利益調整インセンティブを正確に把握できていない可能性がある。

　このような問題点を克服し、利益調整研究を進展させたのはHealy（1985）である。Healy（1985）は、第1に、経営者の利益調整行動を包括的かつ金額的に把握するために、会計発生高に注目した。すでに述べた通り、この会計発生高は、会計利益からキャッシュ・フローを控除、または会計発生高の構成要素を加減することによって算定することができるため、利益調整額を包括的かつ金額的に把握することができる。会計発生高は資本市場研究でも注目されていることをすでに確認したが、最初に利益調整の変数として提示したのはHealy（1985）であった。

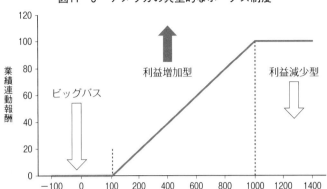

図11-3　アメリカの典型的なボーナス制度

（縦軸）業績連動報酬
（横軸）会計利益

利益増加型

利益減少型

ビッグバス

bogey

cap

　第2に、企業が締結する利益連動型報酬契約を丁寧に調べることによって、一般的なボーナス制度では、ボーナスと連動する会計利益指標に下限（bogey）と上限（cap）が設けられていることを明らかにした。図11-3に会計利益とボーナス額の関係を要約している。経営者は最低限の目標利益となる下限を超えるまでは、ボーナスを受け取ることはできない。会計利益が下限を超えると、契約で定められた一定の比率でボーナス額が増加する。さらに会計利益には上限が設けられており、経営者に支払われるボーナス額は一定限度で固定される。経営者が自社ビルの売却といった非合理的な行動で多額の報酬を獲得するのを防ぐ役割があると思われる。

　このようにボーナス制度の契約内容を詳細に検討すると、初期の研究が想定していた会計利益とボーナスの正の関連性は、会計利益が上限と下限の間にある企業に限られることがわかるであろう。Healy（1985）の興味深い点は、会計利益が下限を下回る企業は、極端な利益圧縮行動であるビッグバスを行うと予想したこ

とである。このような経営者は、当期はボーナスを獲得すること
ができないため、ビッグバスを行うことによって会計発生高の反
転の性質を利用した将来利益の増加と、それに伴う将来ボーナス
の受け取りを確実にする戦略をとると予想したのである。会計利
益が上限を上回る場合も同様の論理で、当期は最大額以上のボー
ナスを獲得できないため、上限を超える部分の利益を減少させる
ような利益調整を行うと予想した。会計発生高を利用した分析結
果は、上記の仮説と整合し、経営者はボーナスの受取額を最大化
するような利益調整を実施していることを明らかにしたのである。

5　おわりに：会計学の可能性

　本章では、経済学ベースの実証的会計研究の概要を説明した。
情報の非対称性に起因する逆選択とモラル・ハザードという２つ
の問題を緩和するために、財務会計には意思決定支援機能と契約
支援機能が期待されている。
　会計学は、証券市場と契約という２つの局面に注目して、この
２つの機能を実証的に評価してきた。本章では、実証的会計研究
の体系とその生成期の理論的背景については説明を行ったが、本
文で紹介した論文は初期の基本的な文献のみである。関心を持っ
てくれた読者の皆さんは、「次のステップに向けて」で紹介する
文献に挑戦してみてほしい。

次のステップに向けて

　本章で紹介したように、現代の会計研究は理論と実証の両面で大きな進展を遂げている。こうした領域の会計研究の理解をさらに深めたい人は、すでに紹介した基本書である①と②を読むとよいだろう。

① Watts, R. L. and J. L. Zimmerman（1986）*Positive Accounting Theory*, Prentice-Hall（須田一幸訳『実証理論としての会計学』白桃書房、1991年）

② Beaver, W. H.（1981）*Financial Reporting: An Accounting Revolution,* Prentice-Hall（伊藤邦雄訳『財務報告革命〔第3版〕』白桃書房、2010年）

　また③は、上記2冊以後の会計学の展開が日本語で要約された有益な本である。

③ 須田一幸（2000）『財務会計の機能——理論と実証』白桃書房

　財務会計の理論的な背景と実証的会計研究のエッセンスの両面を丁寧に解説した本として④がある。また、日本企業の利益調整に関心がある人は⑤を参照してほしい。

④ 大日方隆（2013）『アドバンスト財務会計（第2版）』中央経済社

⑤ 首藤昭信（2010）『日本企業の利益調整——理論と実証』中央経済社

　最新の実証的会計研究の動向をつかむための日本語の書籍は、残念ながらあまり存在しない。会計学のトップ・ジャーナルである、*The Accounting Review, Journal of Accounting and Economics, Journal of Accounting Research* などに掲載されている論文に果敢にチャレンジして、会計学の可能性を感じてほしい。

注

1）減価償却とは、固定資産の取得に要した支出を、その資産が使用できる期間に
わたって費用配分する手続きである。また、定額法は毎年同額を減価償却費と
して計上する方法であり、定率法は毎年一定の償却率を掛けて減価償却費を計
算する方法である。そのため、償却初期ほど多額の償却費が計上されるという
特徴を有する。
2）ここでいう会計上の見積もりとは、財務諸表に計上しなければならない事象で
あるが、金額が確定しておらず、決算上、金額を見積もって計上しなければな
らない場合を意味する。たとえば、貸倒引当金の計上、繰延税金資産の回収可
能性の判断、または減損会計などがこれに該当する。
3）仕手戦とは、株式市場において、主に投機的な大口投資家が、同じ銘柄をめぐ
って売方と買方に分かれて相争うことを意味する。

参考文献

音川和久（2013）「市場の効率性とマイクロストラクチャー」伊藤邦雄・桜井久勝編
『会計情報の有用性』中央経済社：123-162。

桜井久勝（2010）「投資意思決定有用性をめぐる実証研究の概観」桜井久勝編『企業
価値評価の実証分析——モデルと会計情報の有用性検証』中央経済社：2-25。

桜井久勝（2013）「資本市場研究の課題と展望」伊藤邦雄・桜井久勝編『会計情報の
有用性』中央経済社：37-68。

桜井久勝（2017）『財務諸表分析（第7版）』中央経済社。

桜井久勝（2019）『財務会計講義（第20版）』中央経済社。

須田一幸（2000）『財務会計の機能——理論と実証』白桃書房。

徳賀芳弘・大日方隆編（2013）『財務会計研究の回顧と展望』中央経済社。

Akerlof, G. A.（1970）"The Market for Lemons: Quality Uncertainly and the Market
Mechanism," *Quarterly Journal of Economics*, 84（3）: 488-500.

Ball, R. and P. Brown（1968）"An Empirical Evaluations of Accounting Income
Numbers," *Journal of Accounting Research*, 6（2）: 159-178.

Beaver, W. H.（1968）The Information Content of Annual Earnings Announcements,
Journal of Accounting Research, 6: 67-92.

Beaver, W. H.（1981）*Financial Reporting: An Accounting Revolution*, Prentice-Hall.
（伊藤邦雄訳『財務報告革命〔第3版〕』白桃書房、2010年）

Dechow, P. M. and R. G. Sloan（1991）"Executive Incentive and the Horizon Problem:
An Empirical Investigation," *Journal of Accounting and Economics*, 14（1）: 51-89.

Fama, E. F.（1970）"Efficient Capital Markets: A Review of Theory and Empirical
Work," *Journal of Finance*, 25（2）: 383-417.

Foster, G., C. Olsen and T. Shevlin（1984）"Earnings Releases, Anomalies, and the
Behavior of Security Returns," *Accounting Review*, 59（4）: 574-603.

Frankel, R. and C. Lee（1998）"Accounting Valuation, Market Expectation, and
Cross-Sectional Stock Returns," *Journal of Accounting and Economics*, 25（3）:

283-319.

Healy, P. M.（1985）"The Effect of Bonus Schemes on Accounting Decisions," *Journal of Accounting and Economics*, 7(1-3): 85-107.

Lambert, R. and D. Larcker（1987）"An Analysis of the Use of Accounting and Market Measures of Performance in Executive-Compensation Contracts," *Journal of Accounting Research*, 25: 85-125.

Murphy, K. J.（1999）"Executive Compensation," *Handbook of Labor Economics*, 3, Part B: 2485-2563.

Ohlson, J. A.（1995）"Earnings, Book Values, and Dividends in Equity Valuation," *Contemporary Accounting Research*, 11(2): 661-687.

Ou, J. A. and S. H. Penman（1989）"Financial Statement Analysis and the Prediction of Stock Returns," *Journal of Accounting and Economics*, 11(4): 295-329.

Sloan, R.（1993）"Accounting Earnings and Top Executive Compensation," *Journal of Accounting and Economics*, 16(1-3): 55-100.

Sloan, R.（1996）"Do Stock Price Fully Reflect Information in Accruals and Cash Flows about Future Earnings?" *The Accounting Review*, 71(3): 289-315.

Watts, R. L. and J. L. Zimmerman（1986）*Positive Accounting Theory*, Prentice-Hall.（須田一幸訳『実証理論としての会計学』白桃書房、1991年）

12

〈 金融工学 〉

デリバティブ価格の計算

白谷健一郎

テーマ

金融商品のプライシング理論を学ぶ

具体例

ヨーロピアン・オプションの価格、
ブラック=ショールズ・モデル

1 はじめに

この章では、ヨーロピアン・オプションと呼ばれるデリバティブの価格を計算する方法について説明する。デリバティブとは、原資産（株、為替、金利、コモディティなど）の価格に基づいてその価値が決まる金融商品のことで、代表的な商品として先渡し、先物、オプションなどがある。デリバティブに関する研究は金融実務に直結した分野であり、「金融工学」または「数理ファイナンス」と呼ばれている。経済学の中では比較的新しく、1970年代のブラック、ショールズ、マートンらによるオプション・プライシングに関する研究（Black and Scholes 1973；Merton 1973等）によって大きく発展した。

デリバティブは現代の金融取引において必要不可欠な商品となっており、金融機関同士の取引のみならず、事業会社が原材料価格や為替の変動による収益の振れを抑えるために用いたり、個人が資産運用の一環として取引している仕組み預金や投資信託などの商品に内包されていることもある。このように身近なところでも取引されているデリバティブの多くは、確率論を基礎としてその価格やリスク指標が計算されており、金融機関内でも理論を正確に理解しているのは、主に「クオンツ」と呼ばれるごく少数の専門職員に限られる。

基本的なモデルを使ったいくつかのデリバティブ価格の計算方法は広く知られており、価格評価式に使われているパラメータに適当な数値を代入することで理論がわからなくても計算はできる。しかし、取引の仕組み、リスク管理方法や会計制度の変更などの環境は常に変わっており、理論を正しく理解せず用いると、モデルが想定していないリスクを放置したり、市場価格からの乖離に気づけず、突然多額の損失が発覚するといったことが起こりうる。

さまざまな金融取引のリスクを正確に把握するためにも、それら理論の基礎を知っておくことは非常に重要である。

そこで、この章ではデリバティブ評価の仕組みを理解するための第一歩として、1種類の原資産と銀行預金・借入のみが存在する市場を仮定し、基本的な考え方と計算方法を紹介する。

デリバティブの価格計算にはどうしても数学が必要となるが、この章の第4節までは高校で習う確率・統計の知識のみで理解できるように構成した。以下、第2節ではこの章で必要となる基礎的な事項について簡単にまとめ、第3節では一期間二項モデルと呼ばれる簡単なモデルを用い、オプション価格の計算の仕組みについて紹介する。第4節ではブラック＝ショールズ・モデルと呼ばれるモデルを用いてオプション価格式を計算するが、途中で積分の記号が出てきても、実際に積分を計算することはないので、数式に拒絶反応せず読んでみてほしい。ブラック＝ショールズ・モデルについては、第5節でなるべく簡単にイメージできるように（ただし一部の計算は高校数学の範囲を少し超えて）解説する。第6節では、この章のまとめを述べる。

2 　準備

最初に確率の基礎事項、金利に関する計算、代表的なデリバティブ商品について説明する。以降では原資産を株、株の配当は0とし、時刻 $t \geq 0$（$t = 0$ は現在時刻）での株価を $S(t)$ と表す。株は小数点以下の単位でも取引可能で、株を空売りする（株を将来返却する約束で借り、市場で売却する）と、売った金額が手に入るとする。預金と借り入れの金利は同じ利率で一定とし、小数点以下の金額の取引も可能とする。また、デリバティブの満期では

差金決済（株の市場価格と、あらかじめ定めた金額との差額の授受により決済すること）が行われるとする。

期待値、分散

「期待値」とは、ある試行を行った際に得られる値の平均のことであり、単に平均ともいう。以下、さいころを振る試行で考えると、確率変数 X は出た目を表し、それぞれの目が出る確率（$X=i,\ i=1,\cdots,6$ の出る確率 $P(X=i)$）は 1/6 より、期待値（$E[X]$）は

$$E[X]=\left(1\times\frac{1}{6}\right)+\cdots+\left(6\times\frac{1}{6}\right)=3.5$$

となる。確率変数 X を変数に持つ関数 $f(X)$ の期待値 $E[f(X)]$ は $E[f(X)]=\left(f(1)\times\frac{1}{6}\right)+\cdots+\left(f(6)\times\frac{1}{6}\right)$ により計算できる。

「分散」とは、ある試行を行った際に得られる値と期待値の差の 2 乗平均 $V(X)=E[(X-E[X])^2]$ のことであり、値のばらつきを表す。さいころを振る試行の場合、次のように計算できる。

$$V(X)=\left((1-3.5)^2\times\frac{1}{6}\right)+\cdots+\left((6-3.5)^2\times\frac{1}{6}\right)=2.9166\cdots$$

お金の価値と金利と時間

時刻 0 で $B(0)$ 円預金したときの、時刻 t での預金残高を $B(t)$ とし、金利を r（たとえば金利 1 % のとき $r=0.01$）とする。r が「単利」の場合、最初に預けた金額 $B(0)$ に対してのみ利息（「元本 × 金利 × 付利期間」で計算される金額）が付与され、T 年後の預金残高 $B(T)$ は次のように表される。

$$B(T)=B(0)(1+rT)$$

r が年 n 回「複利」の場合、付利期間 ($\frac{1}{n}$ 年) ごとに最初に預けた金額と、それまでに受け取った利息の合計金額に対して利息が付与され、T 年後の預金残高 $B(T)$ は

$$B(T) = B(0)\left(1 + \frac{r}{n}\right)^{nT}$$

となる。複利の回数を無限に増やした場合の金利 r を「連続複利」(これは理論的な話で、実際には取引できない) といい、T 年後の預金残高は

$$B(T) = \lim_{n \to \infty} B(0)\left(1 + \frac{r}{n}\right)^{nT}$$
$$= \lim_{m \to \infty} B(0)\left(\left(1 + \frac{1}{m}\right)^{m}\right)^{rT}$$
$$= B(0)e^{rT}$$

となる。ここで 2 番目の等号では $m = n/r$ と変数変換している。また、$e := \lim_{m \to \infty}\left(1 + \frac{1}{m}\right)^{m} = 2.718\cdots$ はネイピア数を表す。

時刻 t での 1 (円) の価値を現在価値 (時刻 0 での価値) に変換する関数 $D(t)$ を「割引関数」といい、次のように定義される。

$$D(t) := \frac{B(0)}{B(t)}$$

たとえば時刻 t (>0) で $V(t)$ 円の価値があるものを、割引関数を使って現在価値に変換すると $D(t)V(t)$ 円となる。

デリバティブ取引

ここでは、代表的なデリバティブ商品について説明する。

「先渡し」とは、あらかじめ定めた将来の時刻 (満期という) において、あらかじめ定めた価格で原資産を売買する契約であり、キャンセルはできない。たとえば、先渡し契約として時刻 T

（>0）に株を K 円で買う契約をしたとする。$S(T) > K$ となった場合には市場価格より安く買えるため得をするが、$S(T) < K$ となった場合には K 円で株を買わないといけないので損をする。よって、差金決済の場合の満期での「ペイオフ」（支払いまたは受け取り額）は、式で書くと $S(T) - K$ 円となる。なお、契約時に定める K 円という価格は自由に設定できるが、基本的には売る側と買う側の双方に公平な価格、つまり契約時に売る側も買う側も金銭のやりとりが発生しない価格とし、その価格を「先渡し価格」という。もしどちらかに有利となるような価格で契約する場合は、契約時に有利な側から不利な側に相応の金額を支払う。

　似たような将来時刻での売買契約に先物があるが、こちらは取引所（東京証券取引所など）が満期などの契約条件を定めており、取引所を通じて売る側と買う側の双方にとって公平な価格（先物価格という）でのみ売買できる。また「値洗い」と呼ばれる仕組みがあり、含み損益が発生するとその都度、含み損益を 0 にするように差額の受払いが発生する。他にも細かい差異があり、たとえ同じ原資産、同じ満期であっても先物価格と先渡し価格は理論上異なる。しかし、たとえば金利が確率的に変動しない場合などにおいては、先物価格と先渡し価格は一致することがわかっている。

　「オプション」とは将来時点において、行使価格と呼ばれる価格で原資産を売買する権利のことであり、オプションの買い手はキャンセル（権利放棄）することができる。たとえば、満期 T に株を行使価格 K 円で買う権利（コール・オプションという）を購入した場合、満期時に $S(T) < K$ だったときは権利を放棄できるので、満期でのペイオフは $(S(T) - K)^+ := \max(S(T) - K, 0)$ 円となる。つまり、$(\quad)^+$ はカッコ内の値が 0 以上の場合はその値、0 未満の場合は 0 をとることを表す。ただし、オプション

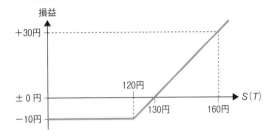

図12-1 ヨーロピアン・コール・オプションを購入した場合の
最終損益

を購入するためにはオプション料を売り手に支払う必要があり、権利を放棄してもその代金は戻ってこない。オプションにはいくつか種類があるが、本章で扱う「ヨーロピアン・オプション」は契約時に定めた満期に、あらかじめ定めた価格で原資産を売買する権利であり、満期以外では権利行使できない。また、売る権利は「プット・オプション」と呼ばれ、満期でのペイオフは $(K-S(T))^+$ となる。例として、金利を 0 とし、行使価格 $K=120$ 円のヨーロピアン・コール・オプションを 10 円で購入したときの、オプション料を含んだ満期 T での損益を考える。

　$S(T)$ が 120 円未満では権利を行使すると損するので、権利を放棄し、オプション料の 10 円が損失となる。120 円以上の場合は権利を行使すると、市場の株価と行使価格との差額分からオプション料 10 円を引いた額が全体の損益となる（図12-1参照）。

　「裁定取引」とは、元手 0 で、絶対に損をせず、利益を得る可能性だけがある取引を指す。現実では、もしそのような取引が可能であったとしても、すぐに価格が動いて裁定取引ができなくなるため、デリバティブの評価では前提として裁定取引ができない（無裁定という）と仮定する。無裁定のとき、時刻 T に K 円で株を購入する先渡し契約の時刻 $0 \leq t \leq T$ での価値 $V^F(t)$ と、行

使価格 K 円のヨーロピアン・コール・オプションの価値 $V^c(t)$、ヨーロピアン・プット・オプションの価値 $V^p(t)$ との間には次の関係が成り立つことがわかっている。

$$V^F(t) = V^c(t) - V^p(t)$$

この関係式は「プット・コール・パリティ」と呼ばれ、無裁定であることと、左辺と右辺の満期でのペイオフが等しいことから導かれる。

3　一期間二項モデル

この節では株価の変動を Cox, Ross and Rubinstein（1979）等で導入された「一期間二項モデル」と呼ばれる、株価が満期時に2種類のどちらかの値しかとらない単純なモデルを使って表し、オプション価格の計算の仕組みを説明する。計算を簡単にするため、金利は 0 ％と仮定し、取引は時刻 $t=0$ と $t=T$（>0）のみで行われるとする。株価 $S(t)$ は時刻 0 で $S(0)=100$ 円、時刻 T では確率 p_1 で $S(T)=160$ 円、確率 p_2（$=1-p_1$）で $S(T)=80$ 円になるとする（図12-2参照）。

以下、このモデルのもとで満期（時刻 T）に株を 120 円（つまり行使価格 $K=120$）で買うオプション価格を考える。

複製戦略を使った計算

最初に「複製戦略」という方法を使い、オプション価格を計算する。複製戦略とは、オプションの代金を元手に銀行の預金 x 円（マイナスの場合は銀行からの借り入れ）と、y 単位の株への

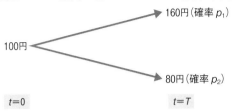

図12-2　一期間二項モデルにおける株価の変動

100円

160円（確率 p_1）

80円（確率 p_2）

$t=0$　　　　　　　　　　$t=T$

投資（マイナスの場合は空売り）を組み合わせ、満期でのペイオフ $(S(T)-K)^+$ を再現する取引のことを表す。時刻 t （$t=0, T$）での複製戦略全体の価値を $V(t)$ とし、$B(0)=1$ とすると次のように表される。

$$V(t)=B(t)x+S(t)y$$

金利0％より $B(T)=1$ に注意すると、株価が160円、80円のどちらになったとしても、時刻 T でのオプションのペイオフを相殺するには、次の連立方程式を満たす取引を行えばよい。

$$\begin{cases} (160-120)^+=x+160y & (S(T)=160\ 円の場合) \\ (80-120)^+=x+80y & (S(T)=80\ 円の場合) \end{cases}$$

これを解くと $x=-40$、$y=0.5$ となり、$t=0$ での価値は

$$V(0)=-40+100\times0.5=10$$

となる。つまり、時刻0に10円でオプションを売れば、銀行から40円借り、50円分の株（0.5単位の株）を買うことで、満期 T での支払いを複製できる。具体的には、時刻 T で株価が160円になった場合、オプションの買い手が行使することによる損失160−120＝40円と銀行への借入金の返済40円の合計80円を、保有する0.5株を売却して手に入る80円で相殺できる。また、株価が80円になった場合、オプションは行使されず、銀行への

返済 40 円は保有する 0.5 株を売却して手に入る 40 円で相殺できる。ただし、複製戦略はどのようなモデルでも存在するわけではなく、たとえば一期間三項モデル（株価が満期時に 3 種類のどれかの値をとるモデル）では複製戦略は存在しない。

　もし、10 円よりオプションの価格が高い（または安い）場合、オプションを売る（または買う）ことで無リスクで時刻 T に利益を得ることができる。たとえば、オプション価格が 15 円の場合、時刻 0 でオプションを 15 円で売り、銀行から 35 円借り、100 円の株を 0.5 単位買うことで、時刻 T に株価が 160 円、80 円のどちらになった場合においても確実に 5 円の利益を得ることができる。

リスク中立確率を使った計算

　複雑なモデルになると複製戦略を構築することが難しく、オプション価格の計算が大変になる。複製戦略以外の計算方法として、「リスク中立確率」を使った方法がある。リスク中立確率とは、時刻 T での株価 $S(T)$ の現在価値の期待値 $E[D(T)S(T)]$ が、現在の株価 $S(0)$ と等しくなる確率のことであり、式で表すと

$$S(0) = E[D(T)S(T)]$$

を満たす確率のことである。この節で仮定している一期間二項モデルでは $S(T) = 160$ 円となる確率 p_1、$S(T) = 80$ 円となる確率 p_2 で、金利は 0 ％より $D(T) = 1$ に注意すると、上の等式は次のように書ける。

$$100 = 160 p_1 + 80 p_2$$

よって、リスク中立確率は $p_1 = 0.25$、$p_2 = 1 - p_1 = 0.75$ と一意に

定まる。証明は省略するが、「無裁定」であることと、「リスク中立確率が存在する」ことは同値であることがわかっている。リスク中立確率はどのようなモデルでも常に存在するわけではなく、たとえば $D(T)S(T) > S(0)$ が常に成り立つようなモデルのときはリスク中立確率が存在せず、よって無裁定でもない（もしそのような株が存在すれば、銀行から借金してこの株を購入することで、無リスクで時刻 T に利益を得ることができる）。

デリバティブの時刻 0 での価値は、一意に定まるリスク中立確率を使い、満期 T におけるペイオフの現在価値の期待値で計算できることがわかっている。ヨーロピアン・コール・オプションの場合、オプション価格は次のように計算できる。

$$
\begin{aligned}
&E[D(T)(S(T)-K)^+] \\
&= (160-120)^+ \times 0.25 + (80-120)^+ \times 0.75 \\
&= 10
\end{aligned}
$$

このように、一意に定まるリスク中立確率を使うことで、複製戦略で計算した場合と同じ価格が計算できる。

4 ブラック＝ショールズ・モデル

この節では Black and Sholes（1973）で導入された、株価の変動がブラック＝ショールズ・モデルに従うと仮定した場合のヨーロピアン・オプションの価格を計算する。このモデルでは正規分布に従う確率変数を用いるため、最初に正規分布についての説明から始める。ブラック＝ショールズ・モデルの想定する株価の変動がどういうものかについては第 5 節で説明する。

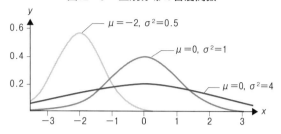

図12-3 正規分布の密度関数

正規分布

　平均 μ、分散 σ^2 の「正規分布」（以下 $N(\mu, \sigma^2)$ と表す）とは、次のように定義される「密度関数」を持つ確率分布のことである。

$$\phi_{\mu,\sigma^2}(x) := \frac{1}{\sqrt{2\pi}\,\sigma} e^{\frac{-(x-\mu)^2}{2\sigma^2}}$$

言い換えると、$N(\mu, \sigma^2)$ に従う確率変数 X の値は、$-\infty$ から ∞ の間のどの値もとる可能性のあるさいころ（のようなもの）を振ったときの目で、その目（x という値）の出やすさが密度関数 $\phi_{\mu,\sigma^2}(x)$ となることを意味している。$N(\mu, \sigma^2)$ の密度関数 $y = \phi_{\mu,\sigma^2}(x)$ のグラフは図12-3のような形状をしている。

　グラフの横軸が $N(\mu, \sigma^2)$ に従う確率変数 X のとる値で、縦軸がその値のとりやすさを表している。$N(\mu, \sigma^2)$ の密度関数は平均（μ）を軸に左右対称性となり、分散（σ^2）が小さいほど X は平均に近い値をとりやすくなる。特に平均0、分散1の正規分布を「標準正規分布」といい、$N(0, 1)$ で表す。確率変数 Z が $N(0, 1)$ に従うとき、確率変数 $X := \mu + \sigma Z$ は $N(\mu, \sigma^2)$ に従う。

　正規分布に従う確率変数の場合、確率や期待値の計算には積分を使う。$N(\mu, \sigma^2)$ に従う確率変数 X が $a \le X \le b$ の値をとる確率は $P(a \le X \le b) = \int_a^b \phi_{\mu,\sigma^2}(x)dx$ となる。ただし、この積分の値は特定の場合を除き近似を用いて計算する必要がある。特に、以下

の標準正規分布の累積分布関数（$N(0,1)$ に従う確率変数 Z が z 以下となる確率 $\Phi(z)$）はよく使われ、たとえば Excel では NORMSDIST という近似計算のための関数が用意されている。

$$\Phi(z) := \int_{-\infty}^{z} \phi_{0,1}(x)dx$$

また、$N(\mu, \sigma^2)$ に従う確率変数 X を変数に持つ関数 $f(X)$ の期待値は $E[f(X)] = \int_{-\infty}^{\infty} f(x)\phi_{\mu,\sigma^2}(x)dx$ で計算する。

それぞれが正規分布 $N(\mu_1, \sigma_1^2)$, $N(\mu_2, \sigma_2^2)$ に従う独立な確率変数 X_1, X_2 の和 $X_1 + X_2$ は正規分布 $N(\mu_1 + \mu_2, \sigma_1^2 + \sigma_2^2)$ に従う（正規分布の再生性という）ことが知られている。なお、確率変数 X_1 と X_2 が独立とは、任意の定数 a, b に対して $P(X_1 \leq a, X_2 \leq b) = P(X_1 \leq a)P(X_2 \leq b)$ が成り立つことをいう。

ブラック゠ショールズ・モデルにおける株価

ブラック゠ショールズ・モデルではリスク中立確率が一意に定まることがわかっており、時刻 T（≥ 0）での株価 $S(T)$ は、リスク中立確率のもとで(12.1)式によって表される。

$$S(T) = S(0)e^{\left(r - \frac{\sigma^2}{2}\right)T + \sigma W(T)} \tag{12.1}$$

ここで金利 r は連続複利（つまり $D(T) = e^{-rT}$）で、$W(T)$ は平均 0、分散 T の正規分布 $N(0, T)$ に従う確率変数である。パラメータ σ は「ボラティリティ」と呼ばれ、株価の変動の大きさを表し、σ が大きいほど株価が変動しやすくなる。たとえば、$S(0) = 100$、$T = 1$、$r = 0$ とし、$\sigma = 0.2$ または $\sigma = 0.3$ としたとき、$S(T)$ のとる値（x）とその値のとりやすさ（y）の関係をグラフで表すと図12‐4のようになる。任意の実数 a に対し $e^a > 0$ より、ブラック゠ショールズ・モデルでは株価はマイナスにならない。

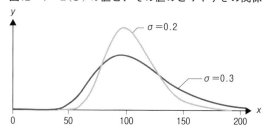

図12-4　$S(T)$ の値と、その値のとりやすさの関係

オプション価格の計算

　満期 T、行使価格 K のヨーロピアン・コール（プット）・オプションの時刻 $t=0$ での価格 V^C（V^P）は、リスク中立確率を使った次の期待値により計算できる。

$$V^C = E\big[D(T)(S(T)-K)^+\big]$$
$$V^P = E\big[D(T)(K-S(T))^+\big]$$

　V^C の右辺を計算する（V^P の計算も同様）。$W(T)$ は $N(0,T)$ に従う確率変数より、$Z := \frac{W(T)}{\sqrt{T}}$ と定義すると、Z は $N(0,1)$ に従う確率変数となる。また、$d_+ := \frac{\log(S_0/K)+(r+\sigma^2/2)T}{\sigma\sqrt{T}}$、$d_- := d_+ - \sigma\sqrt{T}$、$\Phi(z) := \int_{-\infty}^{z} \phi_{0,1}(x)dx$ とおく。$D(T) = e^{-rT}$ より

$$\begin{aligned}
V^C &= E\big[D(T)(S_T-K)^+\big] \\
&= E\Big[e^{-rT}\Big(S_0 e^{\left(r-\frac{\sigma^2}{2}\right)T+\sigma\sqrt{T}Z}-K\Big)^+\Big] \\
&= \int_{-\infty}^{\infty} e^{-rT}\Big(S_0 e^{\left(r-\frac{\sigma^2}{2}\right)T+\sigma\sqrt{T}x}-K\Big)^+ \phi_{0,1}(x)dx \\
&= \int_{-d_-}^{\infty} e^{-rT}\Big(S_0 e^{\left(r-\frac{\sigma^2}{2}\right)T+\sigma\sqrt{T}x}-K\Big) \phi_{0,1}(x)dx \\
&= S_0 \int_{-d_+}^{\infty} \phi_{0,1}(y)dy - e^{-rT}K \int_{-d_-}^{\infty} \phi_{0,1}(x)dx \\
&= S_0 \Phi(d_+) - e^{-rT}K\Phi(d_-)
\end{aligned}$$

と変形できる。最後から2番目の等号では $y = x - \sigma\sqrt{T}$ と変数変換を行い、最後の等号では正規分布の対称性 $\int_z^\infty \phi_{0,1}(x)dx = \int_{-\infty}^{-z} \phi_{0,1}(x)dx$ を使った。

　以上をまとめると、ブラック＝ショールズ・モデルのもと、現在の株価 $S(0)$、行使価格 K、満期 T、金利（連続複利）r、ボラティリティ σ の、時刻0でのヨーロピアン・オプションの価格は次の「ブラック＝ショールズ式」と呼ばれる式で表される。

$$V^c = S_0 \Phi(d_+) - e^{-rT} K \Phi(d_-) \tag{12.2}$$

$$V^P = e^{-rT} K \Phi(-d_-) - S_0 \Phi(-d_+) \tag{12.3}$$

　オプション価格をブラック＝ショールズ式(12.2)、(12.3)を使って計算するとき、ボラティリティ（σ）以外のパラメータはすべて市場から直接（r は国債や、オーバーナイト・インデックス・スワップと呼ばれる商品などの金利を変換することで）取得できるが、ボラティリティは何らかの方法で推定する必要がある。ブラック＝ショールズ・モデルにおけるボラティリティは、数学的には株価の変化率の標準偏差（分散の平方根）を表すが、通常、ボラティリティは株価の時系列データからは推定せず、市場で取引されているオプション価格を基に推定する。多くの場合、市場から特定の満期、行使価格のオプション価格が取得できるため、それら取得できるオプション価格を再現するボラティリティを満期、行使価格毎にブラック＝ショールズ式から数値的に逆算する。この逆算されたボラティリティを「インプライド・ボラティリティ」といい、その値はオプションの満期や行使価格によって異なる。次にインプライド・ボラティリティを補間・補外し、自分の取引したい満期、行使価格のボラティリティを推定し、それをブラック＝ショールズ式に代入することでオプション価格を推定する。

同じ株価の変動をモデル化しているのに、満期や行使価格によって違うボラティリティを使う必要があるのは、ブラック＝ショールズ・モデルが実際の市場を再現できていないことを意味しており、特に株価の経路に依存して支払額が変動するようなオプション（たとえばバリア・オプションと呼ばれる商品など）の評価では市場価格と大きく乖離してしまう。実務ではそれらの欠点を補うため、ボラティリティを確率的に変動させるなどのモデルが使われている。

5　ブラック＝ショールズ・モデルの考え方

　この節では、ブラック＝ショールズ・モデルがどのように株価の変動を表しているのかを、厳密な数学の議論を抜きに説明する。なお、この節では常にリスク中立確率のもとで考えているとする。

伊藤積分とブラック＝ショールズ・モデル

　満期 T までの時刻を n 分割し $0 = t_0 < t_1 < \cdots < t_n = T$, $\Delta t_i := t_i - t_{i-1} = \frac{T}{n}$ $(i = 1, \cdots, n)$ とする。また、$\Delta W(t_i)$ $(i = 1, \cdots, n)$ は正規分布 $N(0, \Delta t_i)$ に従い、$\Delta W(t_i)$ と $\Delta W(t_j)$ $(i \neq j)$ は独立とする。このとき $W(t_i) := \sum_{j=1}^{i} \Delta W(t_j)$, $W(0) := 0$ とすると、正規分布の再生性から $W(t_i)$ は正規分布 $N(0, t_i)$ に従う。

　時刻 t_1 までの株価の変動として定数 r（年 $\frac{n}{T}$ 回複利の金利）、σ（ボラティリティ）と、確率変数 $\Delta W(t_1)$ を使った次のモデルを考える。

$$S(t_1) = S(t_0) + rS(t_0)\Delta t_1 + \sigma S(t_0)\Delta W(t_1)$$

このモデルを言葉で説明すると次のようになる。

（時刻 t_1 での株価）＝（現在の株価）
＝（株価のトレンドによる変動）
＝（株価のランダムな変動）

　右辺第2項は、株価の変動を平均して考えると、時刻 t_1 まで
に株価がどのくらい上昇または下落するかを表す項である。通常、
株価のトレンドは過去の値動きなどから推測されたりするものだ
が、リスク中立確率で考える（つまり、無裁定であると考える）
と、時刻0に $S(t_0)$ 円預金したときに増える金額と同じ金額が株
価のトレンドによる変動でなければならなくなる。実際、一期間
の複利は単利と同じとなるので $D(t_1)=\frac{1}{1+r\Delta t_1}$ であり、リスク中
立 確 率 の も と で $E[\Delta W(t_1)]=0$ よ り、こ の モ デ ル で は
$E[D(t_1)S(t_1)]=S(t_0)$ が成り立つ。もしリスク中立確率のもとで
の ト レ ン ド に よ る 変 動 が $rS(t_0)\Delta t_1$ で は な か っ た と す る と
$E[D(t_1)S(t_1)]\neq S(t_0)$ となり、リスク中立確率で考えていること
に矛盾する。

　右辺第3項は、さいころ（のようなもの）を振って出た目の
$\sigma S(t_0)$ 倍の値が「ランダムな変動」として株価に現れるというこ
とである。この「さいころ（のようなもの）」とは「さいころを
振ったときの目（$\Delta W(t_1)$）は $-\infty$ から ∞ までのどこかに値を
と り、$a<\Delta W(t_1)<b$ の 目 が 出 る 確 率 は $P(a<\Delta W(t_1)<b)=$
$\int_a^b \phi_{0,t_1}(x)dx$ となるようなさいころ」である。

　次に、時刻 t_i（$i>0$）での株価 $S(t_i)$ を同様に漸化式

$$S(t_i)=S(t_{i-1})+rS(t_{i-1})\Delta t_i+\sigma S(t_{i-1})\Delta W(t_i)$$

で定義する。このとき、時刻 $T=t_n$ での株価 $S(T)$ は漸化式を計
算することで次のように表される。

$$S(T) = S(0) + \sum_{i=1}^{n} rS(t_{i-1})\Delta t_i + \sum_{i=1}^{n} \sigma S(t_{i-1})\Delta W(t_i)$$

　ここで積分が離散和の極限により定義されていたことを思い出すと、右辺第2項は $n \to \infty$ としたとき

$$\lim_{n \to \infty} \sum_{i=1}^{n} rS(t_{i-1})\Delta t_i = \int_0^T rS(t)dt$$

となる。複利金利 r は $n \to \infty$ としたことで、上式の右辺では連続複利の金利となっていることに注意。

　次に第3項を（厳密にはこのような方法で定義できないが）先程の積分と同様に考え、形式的に積分の形で書くと次のようになる。

$$\lim_{n \to \infty} \sum_{i=1}^{n} \sigma S(t_{i-1})\Delta W(t_i) = \int_0^T \sigma S(t)dW(t)$$

$W(t)$ が t に関して連続な関数のとき、$W(t)$ は「ブラウン運動」と呼ばれ、この積分は「伊藤積分」（確率積分）と呼ばれている。

　よって、$g(S(t)) := rS(t)$、$h(S(t)) := \sigma S(t)$ と定義すると $n \to \infty$ のとき $S(T)$ は次のように表される。

$$S(T) = S(0) + \int_0^T g(S(t))dt + \int_0^T h(S(t))dW(t)$$

　伊藤積分は高校で習う積分とは異なる性質を持ち、滑らかな関数 f に対し、「伊藤の補題」と呼ばれる以下の計算ルールが成り立つ。

$$f(S(T)) = f(S(0)) + \int_0^T f'(S(t))g(S(t))dt$$
$$+ \int_0^T f'(S(t))h(S(t))dW(t) + \frac{1}{2}\int_0^T f''(S_t)(h(S(t)))^2 dt$$

この微積分のルールを用いて $f(x) = \log(x)$ として計算すると、

(12.1)式が導出される。

6　おわりに

　この章で紹介したブラック＝ショールズ・モデルはヨーロピアン・オプションの価格を計算する標準的なモデルではあるが、実務においてさまざまなデリバティブの価格やリスクを評価するには不十分であることがわかっており、世界中の金融機関や大学で、実際の市場や取引制度にあうようなモデルやリスク管理方法が研究されている。

　この分野はデリバティブ評価の他に、事業収益やリスクの管理、投資・運用手法の開発、プロジェクト価値の評価などとも関係しており、実務において非常に重要な役割を果たしている。多少の数学は必要となるが、ぜひ勉強してみてほしい。

次のステップに向けて

デリバティブに関する参考書をいくつか紹介する。①は数学が苦手な人でも読みやすく、デリバティブを含むファイナンスの分野全体の初歩的な概要を把握するのに適している。②はデリバティブと投資理論の基礎的な内容について、平易な数式を交えて解説している。

①　石野雄一（2005）『道具としてのファイナンス』日本実業出版社

②　藤田岳彦（2005）『道具としての金融工学』日本実業出版社

また、③は第 3 節で紹介した一期間二項モデルを多期間に拡張した

モデルを用いて、デリバティブや確率の概念がイメージしやすく説明
されている。大学や独学である程度数学を勉強した人であれば、③の
続編にあたる④がよいと思われる。ブラック゠ショールズ・モデル以
外のモデルや、さまざまなデリバティブの評価方法についても詳しく
解説されており、③を読まなくても④だけで内容は完結している。

③ S. E. シュリーヴ（2012）『ファイナンスのための確率解析 Ⅰ
——二項モデルによる資産価格評価』長山いづみ他訳、丸善出
版

④ S. E. シュリーヴ（2012）『ファイナンスのための確率解析 Ⅱ
——連続時間モデル』長山いづみ他訳、丸善出版

参考文献

Black, F. and M. Scholes（1973）"The Pricing of Options and Corporate Liabilities,"
Journal of Political Economy, 81(3): 637-654.

Cox, J. C., S. A. Ross and M. Rubinstein（1979）"Option Pricing: A Simplified
Approach," *Journal of Financial Economics*, 7(3): 229-263.

Merton, R. C.（1973）"Theory of Rational Option Pricing," *Bell Journal of Economics
and Management Science*, 4(1): 141-183.

1 経済学がキャリアを広げる

　本書を通じて、経済学ではいまどのような問題を扱い、どのように考えているのか、そのエッセンスを研究の最前線にいる研究者たちが、それぞれの分野の具体的な研究に即して紹介してきた。ここまで読んでいただいて、読者の皆さんはどんな感想を持たれただろうか。

　皆さんは、これからどのように学び、キャリアや生活設計を行い、どのように社会と関わっていこうかと想いをめぐらせていることだろう。そこで、本書の締め括りに、皆さんのキャリアの選択肢の1つとして、経済学のプロフェッショナル（専門職）として働くことと、そのために経済学の大学院へ進学することの意義についてお話したい。

　日本では、「大学院に進学すること＝研究者になること」と思っている人が多いかもしれないが、実は決してそうではない。むしろ世界を見渡してみると、実態はそれとはまったく異なっている。

　世界の先進国の多くでは、高等教育を受ける人の多くは、大学院まで進学するか、そうでなくても学部を卒業して一度就職した後、数年後にあらためて大学院に進学する。そして、大学院で学んだ専門的な知識や技能をプロとして自身のキャリアに活かす。すなわち、大学院は決して研究者になるためだけにあるのではない。

　たとえば大学院で経済学の博士号（Ph.D.）を取得することは、

世界銀行、IMF（国際通貨基金）、OECD（経済協力開発機構）等の国際機関や各国の中央銀行、政府機関等で、経済の専門家（エコノミスト）としての仕事に就くための必須条件となっている。また、欧米では民間のコンサルティング会社で重要な仕事をするうえでも必須となる。博士号はいわば「運転免許証」のような位置づけであり、学部を卒業しただけではプロフェッショナルの要件を満たしているとはみなされないのである。「はしがき」でも触れたように、アマゾン、グーグル、マイクロソフトなど海外のIT企業も積極的に経済学博士号取得者を採用しているし、日本でも徐々に経済学博士号の価値を利用できるビジネスが発達しつつある。そのようなビジネスは今後さらに増えていくだろう。

　そのため、研究者になることを希望していないとしても、もし経済の専門家としての仕事に興味があるなら、大学院への進学は皆さんの将来の可能性を広げることにつながる。もちろん、過去には博士号を取得していなくても経済の専門家として活躍されている人たちも多かった。しかし現在では、ミクロ経済学、マクロ経済学、計量経済学といったコアの科目を中心とする博士課程でのトレーニング・プログラムと、そのための標準的な教科書が確立され、専門家として身につけるべき知識が定まっている。

　経済学を学ぶことができる大学院には、経済学系の大学院に加えて、ビジネススクールや公共政策大学院もある。これらにはそれぞれ役割の違いがある。経済学系の大学院の役割は上に述べた通りだが、ビジネススクールは民間企業の、公共政策大学院は官公庁の幹部候補生たちが、経済学や経営学を学び、職場での実践に活かすために研鑽を積む場だと位置づけられる。自分の目指す進路によってふさわしい大学院は異なるが、もし大学院進学を考える時点で進路を決めかねているならば、経済学研究科へ進むことが皆さんの選択肢を広げてくれる道になるだろう。また、その

段階ではまだ経済学のプロフェッショナルとして仕事をしていくことに迷いがあるのなら、一度就職してみて、その間に改めてじっくり考えてみるのもよい選択だろう。欧米では、数年の職業経験を経て進学する人は多いし、専門職大学院では職業経験が必須の場合も多い。また、職業経験を経て大学院で博士号を取得し、実社会で活躍したり、優れた研究者になった方々は数多い。むしろそちらが大半ではなかろうか。急ぐ必要はない。

2　どのように学び始めればよいか

　それでは、上記のような進路を選ぶためにどのように経済学を学んでいけばよいだろうか。経済学を学ぶに当たっては大学に入学して学部で初歩的な授業に取り組み、学年が進んでから少人数のゼミに入って先生の個別的な指導を受けながら勉強していくのが日本での基本的な道筋であるが、海外では学部で経済学を学ばなかった人々が経済学の大学院に進学する例も多い。経済学部で学ぶ場合でも独学する場合でも、ぜひ本書の各章末に掲載した「次のステップに向けて」で紹介されている文献やウェブサイトなどを参考に、基礎的な内容や関心のあるトピックに関するものを読み進めてほしい。

　経済学は、問題に対するモチベーション（動機）が重視される学問でもある。ある問題を解決したいから、そのための理論や実証分析の方法を学んでいく。モチベーションの持ち方や、研究における問いの立て方、さまざまな社会問題に対する考え方などは、本で学ぶだけでなく、常に現実の経済社会に関する情報に触れ、教員や仲間と議論を重ねることが重要だろう。
経済学の理論分析も実証分析も、自分で実際にやってみて壁にぶ

つかりながらでないと、なかなか肌感覚で理解することはできない。失敗を恐れずに自分が関心を持った問題にどんどん挑戦してみてほしい。

3　専門的な学習に向けて

　次に、大学院への進学を考える場合にはどのように勉強を進めればよいかを述べたい。最近は、経済学分野の博士課程への進学を考えている人の多くは、まず日本国内で大学院の修士課程に進学し、そのうえで国内の博士課程に進学するか、海外の大学院に留学する。そのため、ここでは国内の経済学系の大学院の修士課程に進学するための準備について紹介したい。

　経済学の修士課程で学ぶための準備として必要なスキルとして重要なのは、経済学の基礎に加えて、主に数学と英語とプログラミング（今なら Python）だ。これらは、大学院に進学した学生の多くが、「もっと前からやっておけばよかった」と口を揃えて言うものでもある。

　最近は、国内の経済学系大学院でも、英語で授業を行うケースが増えている。その場合は宿題や試験の解答も英語で書く必要があるし、授業が日本語で行われる場合でも、大学院レベルの教科書や教材となる論文などはほぼすべて英語である。

　修士課程には、「コアコース」と呼ばれる必修科目がある。たとえば東京大学大学院経済学研究科では、コアコースはミクロ経済学、マクロ経済学、計量経済学の3科目で構成され、それぞれ半年間週1回の授業が2コマずつ、計6コマで構成される。修士課程の1年目はひたすらこの6コマに集中して、経済学の基礎を身につけることになる。コアコースをよく習得することが、卒業

後も含めてその後の学習や研究にとって必須の条件になる。そして、コアコースの内容を身につけるには、英語力はもちろん、線形代数、解析（微積分）、確率・統計など、さまざまな数学分野の理解が前提となる。

　そのため、修士課程への進学準備にあたっては、マンキューの経済学教科書（マンキュー、N・グレゴリー〔2019〕『マンキュー入門経済学〔第3版〕』足立英之他訳、東洋経済新報社）などで基本的内容について見通しをつけ、さらに学部の授業やゼミでの学習に加え、以下に挙げたようなテキストで独習しておくと大きな助けとなるだろう。以下で紹介しているのは、主に学部中級から大学院入学レベルを想定したテキストである。他にも良書はたくさんあるので、いろいろ手に取ってみて、自分にあったものを使い込んでいってほしい。

【ミクロ経済学】

　神取道宏（2014）『ミクロ経済学の力』日本評論社。
　奥野正寛編著（2008）『ミクロ経済学』東京大学出版会。

【マクロ経済学】

　二神孝一・堀敬一（2017）『マクロ経済学（第2版）』有斐閣。
　齊藤誠・岩本康志・太田聰一・柴田章久（2016）『マクロ経済学（新版）』有斐閣。

【計量経済学】

　田中隆一（2015）『計量経済学の第一歩』有斐閣。
　ストック、J. H. = M. W. ワトソン（2016）『入門 計量経済学』宮尾龍蔵訳、共立出版。
　西山慶彦・新谷元嗣・川口大司・奥井亮（2019）『計量経済学』有斐閣。

【数学】

尾山大輔・安田洋祐編著（2013）『［改訂版］経済学で出る数学——高校数学からきちんと攻める』日本評論社。

岡田章（2001）『経済学・経営学のための数学』東洋経済新報社。

石井惠一（2013）『線形代数講義（増補版）』日本評論社。

黒田紘敏（2018）『微分積分学入門』(http://www7b.biglobe.ne.jp/~h-kuroda/lecture.html)。

ホーエル、P. G.（1981）『初等統計学』浅井晃・村上正康訳、培風館。

久保川達也（2017）『現代数理統計学の基礎』共立出版。

4　博士課程への進学のために

　経済学研究科の博士課程への進学を志す人にとっては、特に英語のほか線形代数、解析と確率・統計が必須となる。海外の大学院への進学を目指す場合には、英語に関して TOEFL で100点をとれるように頑張ってほしい（大学によっては総合点のみならず、入学のためには Reading、Listening、Speaking、Writing のそれぞれで25点以上の取得が求められる場合もある）。

　線形代数と確率・統計は、計量経済学を大学院レベルで学ぶうえで必須の知識である。計量経済学は民間の研究所や企業、政府系機関でも必須の知識となっており、もちろん研究者としても必須である。

　線形代数については、以下の2冊を目安に考えてほしい。後者の方が進むペースが若干早めで内容も豊富だが、特に計量経済学を学ぶうえでは、どちらか自分にあう方を選ぶのがよいだろう。

Strang, G.（2016）*Introduction to Linear Algebra*, 5th ed, Wellesley-Cambridge Press.

Strang, G.（2006）*Linear Algebra and Its Applications*, 4th ed., Thomson.

解析は、経済学や統計学を単に学習するのではなく、それなりに自分で扱えるようになるための必須知識である。学部レベルとしては、以下が目安になるだろう。

Strang, G.（1991）*Calculus*, Wellesley-Cambridge Press.

なお Strang の授業は線形代数、解析とも、彼が所属するマサチューセッツ工科大学（MIT）のオープンコースウェア（https://ocw.mit.edu/index.htm）を通じて聴講できるし、解析の教科書は同サイトからダウンロードもできる。同様の内容をカバーしている本は他にもたくさんあるので、その中から自分にとってわかりやすいものを選ぶのがよいと思う。なお大学院レベルとしては、以下の文献などを目安にするとよいだろう。

Sundaram, R. K.（1996）*A First Course in Optimization Theory*, Cambridge University Press.

国際機関や日本の JICA（国際協力機構）などへの就職を目指す場合には、第二外国語の習得に加えて、社会学、政治学、心理学など関連分野の知識を、英語の標準的な教科書でカバーされている内容に沿って学んでおくと有益だろう。

さらに、余裕があれば Stata や R などの統計パッケージも学習しておくことをお薦めする。実証分野の研究者を目指す方は、統計パッケージに加えて Python や C++などのプログラミング言語を習得しておくとよいだろう。

また、理論分野の研究者になることを志望する場合は、上記に加えてより進んだ解析の学習をすると役立つだろう。以下の文献などで位相の概念などを学び、Rudin などの教科書でカバーされ

ている内容を学んでいくのがよいと思う。

二階堂副包（1960）『現代経済学の数学的方法』岩波書店
松坂和夫（2018）『集合・位相入門（松坂和夫 数学入門シリーズ
　1）』岩波書店。
Rudin, W.（1976）*Principles of Mathematical Analysis,* 3rd ed., Mc
　Graw-Hill.

　コンサルティング会社への就職を希望する場合は、どんなタイプのコンサルタントになりたいかによって勉強の仕方が異なってくる。具体的には、国際機関型か研究者型かなどの選択肢がある。目指す方向にあわせて適切な準備を進めてほしい。

＊　＊　＊

　このように、経済学分野で大学院に進学するということは、研究者になるための一本道を選ぶということではなく、むしろ、さまざまなキャリアへの道を切り開くことであるということをお伝えして、本書の結びとしたい。

2020年2月

編者一同

索　引

執筆者一覧　（執筆順。＊は編者）

松井彰彦＊（まつい・あきひこ）［第1章］
東京大学大学院経済学研究科教授
Ph.D.（Managerial Economics and Decision Sciences、ノースウェスタン大学）　専門分野：ゲーム理論、貨幣論、障害と経済

小川　光（おがわ・ひかる）［第2章］
東京大学大学院経済学研究科教授
博士（経済学、名古屋大学）　専門分野：公共経済学

楡井　誠（にれい・まこと）［第3章］
東京大学大学院経済学研究科教授
Ph.D.（経済学、シカゴ大学）　専門分野：マクロ経済学、景気循環、所得格差、複雑系

山口慎太郎（やまぐち・しんたろう）［第4章］
東京大学大学院経済学研究科教授
Ph.D.（経済学、ウィスコンシン大学マディソン校）　専門分野：労働経済学、家族の経済学

市村英彦＊（いちむら・ひでひこ）［第5章］
アリゾナ大学経済学部教授
Ph.D.（経済学、マサチューセッツ工科大学）　専門分野：計量経済学

古沢泰治（ふるさわ・たいじ）［第6章］
東京大学大学院経済学研究科教授
Ph.D.（経済学、ウィスコンシン大学マディソン校）　専門分野：国際貿易理論、応用ミクロ経済学

佐藤泰裕*（さとう・やすひろ）［第7章］
東京大学大学院経済学研究科教授
博士（経済学、東京大学）　専門分野：都市経済学、空間経済学

大橋　弘（おおはし・ひろし）［第8章］
東京大学大学院経済学研究科教授、東京大学副学長
Ph.D.（経済学、ノースウェスタン大学）　専門分野：産業組織論、産業政策

澤田康幸（さわだ・やすゆき）［第9章］
東京大学大学院経済学研究科教授
Ph.D.（経済学、スタンフォード大学）　専門分野：開発経済学、応用ミクロ計量経済学、フィールド研究

岡崎哲二*（おかざき・てつじ）［第10章］
明治学院大学経済学部教授
博士（経済学、東京大学）　専門分野：日本経済史、比較経済史

首藤昭信（しゅとう・あきのぶ）［第11章］
東京大学大学院経済学研究科准教授
博士（経営学、神戸大学）　専門分野：財務会計

白谷健一郎（しらや・けんいちろう）［第12章］
東京大学大学院経済学研究科准教授
博士（経済学、東京大学）　専門分野：金融工学

経済学を味わう
東大1、2年生に大人気の授業

2020年4月20日　第1版第1刷発行
2024年6月5日　第1版第4刷発行

編　者 —— 市村英彦・岡崎哲二・佐藤泰裕・松井彰彦
発行所 —— 株式会社日本評論社
　　　　　〒170-8474　東京都豊島区南大塚3-12-4
　　　　　電話　　03-3987-8621（販売）　03-3987-8595（編集）
　　　　　URL　　https://www.nippyo.co.jp/　　振替　00100-3-16
印刷所 —— 精文堂印刷株式会社
製本所 —— 株式会社難波製本
装　幀 —— 溝田恵美子